# ACCESO GRATIS *a la Lectura en la Nube*

AF237876

Para visualizar el libro electrónico en la nube de lectura envíe junto a su nombre y apellidos una fotografía del código de barras situado en la contraportada del libro y otra del ticket de compra a la dirección:

**ebooktirant@tirant.com**

En un máximo de 72 horas laborales le enviaremos el código de acceso con sus instrucciones.

La visualización del libro en **NUBE DE LECTURA** excluye los usos bibliotecarios y públicos que puedan poner el archivo electrónico a disposición de una comunidad de lectores. Se permite tan solo un uso individual y privado

Copyright ® 2024

Todos los derechos reservados. Ni la totalidad ni parte de este libro puede reproducirse o transmitirse por ningún procedimiento electrónico o mecánico, incluyendo fotocopia, grabación magnética, o cualquier almacenamiento de información y sistema de recuperación sin permiso escrito de las autoras y del editor.

En caso de erratas y actualizaciones, la Editorial Tirant lo Blanch publicará la pertinente corrección en la página web www.tirant.com.

© TIRANT LO BLANCH
   EDITA: TIRANT LO BLANCH
   C/ Artes Gráficas, 14 - 46010 - VALENCIA
   TELFS.: 96/361 00 48 - 50
   Fax: 96/369 41 51
   Email: tlb@tirant.com
   www.tirant.com
   Librería Virtual: www.tirant.es
   DEPOSITO LEGAL: V-4763-2024
   ISBN: 978-84-1095-488-5
   MAQUETA E IMPRIME: Tink Factoría de Color , S.L.

Si tiene alguna queja o sugerencia, envíenos un mail a: atencioncliente@tirant.com.
En caso de no ser atendida su sugerencia, por favor, lea nuestro procedimiento de quejas en:
www.tirant.net/index.php/empresa/politicas-de-empresa

Responsabilidad Social Corporativa
http://www.tirant.net/Docs/RSCTirant.pdf

# Lo que aprendimos de la DANA

## Cuentos, experiencias y recomendaciones desde Magisterio

Diana Marín Suelves y M. Mercedes Romero Rodrigo (Coords.)

Las opiniones y puntos de vista expresados en este libro son exclusivamente responsabilidad de quienes los emiten y no reflejan necesariamente la posición ni el pensamiento de las personas editoras ni de la institución de la que forman parte. Las personas editoras no se hacen responsables de las interpretaciones, juicios o conclusiones vertidas en las diferentes contribuciones, ya que cada una de ellas responde a la perspectiva particular de quienes las han realizado.

# Índice

# Por y para qué

*Al meu país la pluja no sap ploure*

*O plou poc o plou massa*

*Si plou poc és la sequera*

*Si plou massa és la catàstrofe*

Raimon

La situación vivida en la provincia de Valencia y en otros lugares el día 29 de octubre de 2024 y en las semanas posteriores ha sacudido con fuerza a toda la población.

Pueblos, pedanías, ciudades, comunidades, un país. Personas de todas las edades, etnias y condiciones. El agua nos ha tratado a todos por igual. El barro lo inundó todo.

Pérdidas, destrucción, incertidumbre y tristeza. Pero también esperanza, solidaridad y aprendizaje.

Afectados por la DANA y vecinos, unidos. De cerca y lejos vinieron a dar lo mejor de cada uno. ¡Qué gran muestra de auténtica hermandad!

Los docentes y el alumnado de todas las etapas educativas no son ajenos a esta realidad y por ello esta obra se plantea con un doble objetivo. Por una parte, compilar una creación original de cuentos, relatos y recomendaciones escritos en primera persona, que parten de lo vivido y que podrían ser utilizados en las aulas. La autoría corre a cargo de un grupo de estudiantes de los Grados de maestro/a en Educación Infantil y de Educación Primaria, junto a sus docentes. Por otra, pretendemos contribuir a la transferencia, colaborar con la sociedad y la escuela a través de la escritura y la expresión de sentimientos y emociones, y compartir un material contextualizado, que también pueda ser funcional en el futuro, para que no se repita esta misma historia. Creemos en el poder de la educación y de la infancia.

Como formadoras de futuros docentes, es crucial predicar con el ejemplo, demostrando que el magisterio no es solo un saber teórico, sino un compromiso práctico y vocacional. Formar maestros y maestras supone una invitación a conectar la teoría con la práctica y a vivir el proceso educativo desde dentro. Este trabajo también busca reflejar la esencia de esta misión: un recordatorio de que quienes enseñan deben estar profundamente conectados con las realidades de quienes aprenden, modelando el valor de la educación como herramienta de transformación social y personal.

Con este libro aspiramos a que las palabras trasciendan las páginas, convirtiéndose en un puente entre la universidad y las comunidades escolares.

Este libro puede ser útil para futuros docentes o profesorado en activo, estudiantado de distintas etapas educativas, familias y cualquier persona que quiera aproximarse a lo vivido por el pueblo valenciano.

Nuestra meta hacerlo llegar a escuelas, ayuntamientos y bibliotecas para colaborar a través de las letras.

Deseamos que su contenido sea una excusa perfecta para continuar dialogando, colaborando e inspirando, convirtiéndose en una herramienta al servicio de una educación reflexiva y transformadora.

Diana Marín Suelves y M. Mercedes Romero Rodrigo

# Cuentos

# El día en el que las calles se convirtieron en ríos

Marta Buenaventura Ros

Todo sucedió un día en el que había llovido mucho. Pau acababa de llegar del cole, y estaba en casa con su papá, esperando a su mamá, que había salido a hacer la compra. Mientras Pau y su papá jugaban a las construcciones, el suelo de la casa se llenó de agua, y Pau y su papá subieron al piso de arriba. Se asomaron a la ventana, y vieron que las calles del pueblo ya no parecían calles, ¡sino ríos!

Pau tenía mucho miedo, y estaba preocupado por su mamá, que aún no había vuelto a casa y no llevaba consigo el teléfono. El papá de Pau le dijo que tenía que estar tranquilo, que su mamá estaba en el supermercado y volvería cuando bajara el agua. Pero Pau seguía con miedo porque veía a su papá muy preocupado.

Pasaron las horas, y las calles seguían inundadas, cuando Pau escuchó la voz de su mamá llamándole. Pau se asomó a la ventana y vio a su mamá en la casa de enfrente. Estaba a punto de llegar a casa cuando el agua la sorprendió, y tuvo que subir a la casa de los vecinos.

La mamá de Pau pasó la noche en casa de los vecinos, y Pau y su Papá durmieron juntos en el primer piso de su casa. Al día siguiente, la planta baja de la casa de Pau estaba destrozada. Pau había perdido también todos los juguetes, incluidas las construcciones con las que jugaba el día de antes con su papá. Pau estaba muy triste, pero al ver a su mamá de nuevo, se puso muy feliz, tenía muchas ganas de darle un abrazo y decirle cuánto la quería.

Los papás de Pau le contaron que, a partir de ahora, las cosas iban a ser un poco diferentes. Pau iba a vivir en casa de sus yayos, que vivían en otro pueblo, y no iría al cole por un tiempo. Mientras tanto, sus papás se quedarían en el pueblo para arreglar su casa y las casas de los vecinos. Pau se sintió súper triste, no quería separarse de sus papás y le gustaba ir al cole para aprender con su profe Marta y jugar con sus amigos y amigas. Pero su papá le dijo que tenía que estar feliz porque era un niño muy afortunado: toda su familia estaba bien, no como la de otros niños y niñas, que no volverían a ver a sus papás y a sus mamás. Su papá también le explicó que pronto todo se arreglaría y volverían a ser tan felices como antes.

# Los héroes del pueblo

Candela Cardona Moreno

Había una vez en una ciudad preciosa llamada Valencia, donde vivían muchas personas llenas de alegría, pero un día ocurrió algo que nadie podrá olvidar. Hace unas semanas, en la noche del 29 de octubre de 2024, ocurrió una gran tormenta que quedará grabada en la memoria de toda la población. Todo comenzó como un día normal: la gente iba al trabajo, los niños y niñas iban a la escuela y todos realizaban aquellas actividades y tareas que hacían cada día con total normalidad. Pero, de repente una gran cantidad de nubes grises se juntaron en el cielo y empezó a llover ¡Chop, Chop, Chop! Cada vez caían más gotas de agua y el viento sonaba cada vez más fuerte ¡Fiuuuuuu!

Al principio, era solo una llovizna, como cualquier otra ¡Plip, Plip! Sin embargo, poco a poco, la lluvia comenzó a caer con más intensidad ¡Plash, Plash!, hasta que se convirtió en una gran tormenta. La lluvia era tan fuerte que la gente tuvo que parar todo aquello que estaba haciendo para poder resguardarse en un lugar seguro. La gente fue desalojada de sus trabajos y de las escuelas e intentaban llegar a casa. Algunos lo conseguían de manera rápida, pero a otros les costaba más ya que estaban las calles inundadas ¡Splash, Splash!

Desde las ventanas y balcones de casa, las personas miraban sorprendidas: las calles parecían ríos y el agua corría con tanta fuerza que arrastraba todo lo que había a su paso. Algunos coches estaban averiados, había árboles que se habían caído ¡Crac!, los ríos estaban desbordados y el viento cada vez soplaba más fuerte ¡Fiuuuuuuuuuu!

Este fenómeno meteorológico llamado DANA provocó grandes destrozos y aunque muchas personas estaban asustadas, se abrazaban entre ellas y se daban cuenta de lo más importante: estaban sanas y salvas. En ese momento, todos comprendieron lo afortunados que eran de tenerse los unos a los otros.

La mañana siguiente al caos la gente se encontró las calles llenas de barro, negocios destrozados, supermercados inundados, coches completamente rotos... parecía que Valencia había estado en medio de una guerra. Sin embargo, miles de personas de diferentes lugares del mundo acudieron a los sitios afectados para ayudarse los unos a los otros haciendo que la gente, dentro del desastre viera un poco la luz y se llenará de esperanza.

¡Pip! Era el sonido de los camiones que venían llenos de materiales para ayudar. Cada día eran más y más las personas que venían a ayudar, ya fuera trayendo comida, hasta maquinaria pesada para poder quitar el barro de las calles. Además, había centenares de puntos de recogida y en todos a los que ibas había gente ayudando a ordenar las cosas.

Los días pasaban y aunque había gente que había perdido todo aquello que tenía, se aferraba a la esperanza y a la ayuda de los voluntarios, todos ayudaban a quitar barro de las calles y de las casas, a quitar todos los escombros que había por todas las calles. Así, poco a poco se veían las calles más ordenadas y limpias.

El pueblo estaba más unido que nunca y la gente comenzó a valorar lo que tenía mucho más, a saber perdonar, a no darle tanta importancia a los problemas mínimos, a priorizar y a quererse mucho más.

Y colorín colorado, esta historia se ha acabado.

ILUSTRACIÓN 1. FOTOGRAFÍAS TOMADAS DURANTE LOS PRIMEROS DÍAS.

# El paraguas multicolor

Ana Castelló Valdivia

Era por la mañana, y Pedro acababa de levantarse para prepararse para ir a la escuela. Su madre le hacía el desayuno mientras él se ponía su uniforme escolar amarillo y azul. Se distrajo un momento, mirando el cielo que cada vez adquiría un color más gris. Sin duda iba a llover bastante ese día. Anduvo con su mochila hacia la cocina una vez acabó de ponerse el uniforme, escuchando la voz de la chica que anunciaba las noticias de la mañana cada vez más fuerte.

Su madre le sonrió y le besó la cabeza a la vez que dejaba el vaso de leche caliente con galletas delante del niño.

Cuando acabaron de desayunar, cogieron todo lo necesario para salir de casa. Pedro estaba a punto de salir por la puerta cuando su madre le habló desde el salón:

— ¡Coge paraguas Pedro! Hoy lloverá mucho.

El niño retrocede y vuelve a su habitación a por el paraguas multicolor que le regalaron sus abuelos por su cumpleaños.

Pedro se pasa toda la mañana haciendo diferentes actividades hechas por su profesora. En clase últimamente están hablando sobre los ecosistemas. Hoy le han dedicado tiempo a la selva, y Pedro junto a sus amigos han aprendido la cantidad de animales que viven allí y el clima.

— ¿Entonces en la selva llueve mucho? — preguntó Alba.
— Claro, es uno de los ecosistemas donde más llueve.

Pedro recordó algo de lo que se había hablado aquella mañana en las noticias.

— Pero profesora, hoy también va a llover mucho y no estamos en la selva.
— Toda la razón Pedro. Pero eso es porque vivimos en Valencia y hay veces que llueve de forma abundante aquí.
— ¿Cuánto es mucho profesora? — preguntó con algo de miedo Tomás.
— Pues mucho más de lo normal. Mirad, aquí en Valencia hay meses del año donde llueve muy poco, y después hay otros donde las lluvias hacen que caiga mucha más agua.

Los niños y las niñas siguieron preguntando cosas sobre la lluvia. La maestra las respondió encantada. Pronto se hizo la hora de volver a casa.

Afuera ya había comenzado a llover, así que Pedro cogió su paraguas multicolor y con ayuda de su profesora lo abrió. Su madre lo esperaba al otro lado de la puerta y corriendo salió a saludarla.

La tarde pasó con normalidad, y a pesar de que todavía no había parado de llover, ya no llovía tanto como antes. El niño acababa de ducharse con ayuda de su madre, y ahora los dos estaban sentados en el sofá, buscando una película en la televisión.

Un ruido en el teléfono de la madre de Pedro interrumpió la búsqueda. Era un sonido bastante alto, y el niño pensó que daba un poco de miedo. Su madre enseguida paró el sonido. La mamá volvió a coger el mando de la televisión, dejando el canal de noticias.

— ¿Qué está pasando mamá? — preguntó en voz baja el niño.
— Parece que ha llovido demasiado en algunos sitios de Valencia y se han llenado de agua.

Pedro miró la televisión y vio como las calles de los pueblos estaban llenas de agua, como los coches se movían a causa de ella.

— ¿Eso lo ha hecho la lluvia?
— Sí, cariño. El agua tiene mucha fuerza.
— ¿Y por qué están las calles llenas de agua?
— Hay veces que los barrancos o los ríos tienen mucha cantidad de agua y llega un momento en que no cabe más, así que sale de ese lugar. Como cuando llenas mucho un vaso de agua.

El niño saltó del sofá directo a su habitación. Su madre se extrañó cuando lo vio correr, pero sonrió cuando observó como Pedro volvía vestido con unas botas de agua y su paraguas multicolor.

— ¿A dónde vas Pedro?
— Quiero ayudarlos mamá.

La mujer sonrió tristemente.

— Cuando dejé de llover y todo sea más seguro, te prometo que iremos.

El paraguas multicolor
*Cuento pictografiado*
https://ir.uv.es/lD05l0M

# Pau el pollito pierde su nidito

Marta Gimeno Muñoz

Érase una vez, un pollito llamado Pau. Pau era un pollito que vivía con sus hermanitas en un nido. Este estaba en la copa de un árbol, en un pueblo de Valencia. Pau el pollito y su familia, hace días que lo estaban pasando mal, ya que estaban siempre mojados por la lluvia y tenían mucho frío. Esos días había muy poca gente por las calles, solamente los veían ir en coche porque tenían que ir a trabajar, los niños tenían que ir al cole... Sin embargo, los parques y los jardines estaban vacíos por las lluvias. Un día, Pau se fue con su amiga la paloma a sobrevolar los cielos tan oscuros que había debido a las lluvias. Hasta que de repente vieron que un barranco (que es como un río pequeño) estaba a punto de desbordarse. Pau voló muy velozmente para contárselo a sus hermanas. Rápidamente, avisaron a todos los animales que pudieron y pensaron en cómo podrían avisar a las personas. Sin embargo, no avisaron a los humanos porque pensaron que eso lo solucionarían entre ellos, pero lo cierto es que no fue así.

Unos momentos después, se empezó a salir el agua del barranco y las calles se empezaron a inundar, los coches empezaron a flotar, las cosas que había en la calle se empezaron a romper... Además, muchos árboles se cayeron. El de Pau fue uno de ellos, haciendo así que se quedara sin su nido. Mucha gente se quedó sin coches y sin hogar. Muchos otros se hicieron heridas o no pudieron salvarse. En cuanto a los animalitos, algunos se salvaron gracias a que Pau les avisó, sin embargo, otros no tuvieron la misma suerte. La familia de Pau, como muchas otras, estaba muy triste, ¡esto era algo que no había pasado nunca!

ILUSTRACIÓN 2. LA SOLIDARIDAD DE UN PUEBLO UNIDO. DOS DE LAS AMIGAS QUE AYUDARON AL POLLITO PAU.

Al día siguiente, los vecinos les ofrecieron que se quedaran en sus casas a las personas que habían perdido las suyas, hasta que las pudieran arreglar. Entre todos los vecinos del pueblo limpiaron las calles, además, días después llegaron personas voluntarias (personas que ayudan porque quieren) para mejorar esta situación. Poco a poco, todo se fue solucionando y los niños/as empezaron a volver a sus colegios, las calles empezaban a estar más limpias, la comida volvía a estar en los supermercados que días antes habían sido arrasados..., es decir, los pueblos afectados volvían a brillar. En cuanto al pollito Pau, podemos decir que, junto a la ayuda de su familia y de otros animales, pudo construir un nuevo nido en otro árbol. Además, todos los días ayudaba a los animales que necesitaban ayuda, porque comprendió que lo más importante en estos momentos tan difíciles es ayudar a quien nos necesita.

# Las lágrimas de Dana

Paula González Borràs

En un cielo lleno de nubes blancas, vivía una nube llamada Dana. Ella no era como las demás nubes, era gris y solía estar triste y sola. Un día, Dana se sintió tan sola que empezó a llorar. Cada vez sus lágrimas eran más abundantes y fuertes, y empezaron a caer en forma de tormenta sobre un pueblo llamado Chiva.

Las lágrimas de Dana inundaron las casas, las calles y los coles de aquel pueblo. Los ríos recorrían aquel pueblo y arrastraban con ellos juguetes y muchas más cosas. Los niños de aquel pueblo tuvieron que buscar un refugio y abandonar sus casas.

Andrea y Óscar, dos hermanos, miraban por la ventana con miedo. Veían como sus peluches y sus bicicletas eran arrastrados por las lágrimas de Dana. Al poco tiempo, Dana dejó de llorar, pero ahora lloraban aquellos dos hermanos.

Al día siguiente, Andrea y Óscar, se sorprendieron al ver lo que había sucedido. El agua cubría las casas, y les costaba reconocer aquellas calles en las que solían jugar. Así que, se pusieron las botas de colores que tenían y salieron a ayudar a los más necesitados.

— Vamos a buscar a niños y veremos que necesitan — dijo Andrea, la hermana mayor.

Mientras andaban con sus botas por el barro, escucharon a una niña llorar. Era pequeña y las lágrimas cubrían su cara. Llevaba una mochila, rota y sucia de barro.

— Hola, ¿estas bien? — le preguntó Óscar.
— He perdido mi casa y ya no tengo ningún juguete con el que pueda jugar, lo he perdido todo — dijo la niña mientras lloraba.

Andrea y Óscar se miraron con tristeza, no sabían que podían hacer para ayudarla. Entonces Andrea recordó que guardó en su mochila a su osita Turia. Siempre iba con ella a todos los sitios desde su nacimiento, y lo abrazaba cuando sentía miedo o tristeza.

— Mi hermano y yo también hemos perdido muchas cosas, pero tengo algo para ti que podría ayudarte a sentirte mejor — dijo Andrea.

Sacó el osito de su mochila, lo abrazo y se lo dio a la niña.

— Mira, esta es Turia, mi osita. La abrazó por las noches cuando tengo miedo y estoy triste, creo que te ayudara a sentirte menos sola y a que sonrías – dijo Andrea con una sonrisa.
— No estás sola, estamos aquí para ayudarte y Turia te abrazara por las noches y cuando te sientas triste — dijo Óscar

La niña dejo de llorar de pena, para llorar de emoción. No solo tenía un peluche, sino alguien a quien abrazar en los momentos más difíciles.

Andrea, Óscar, la niña y Turia, se abrazaron muy fuerte y se dieron cuenta que, aunque habían perdido muchas cosas, lo más importante en aquellos difíciles momentos era el amor y la solidaridad entre los afectados.

En ese momento tan bonito, Dana la nube triste, dejó de sentirse sola, igual que la niña. En el cielo apareció un maravilloso arcoíris de colores que Dana pintó para mostrarles a aquellos niños que después de una tormenta, todo vuelve a brillar.

# Un martes diferente

María Gregori Capitán

En una pequeña ciudad llamada Torrent, conocida por sus fiestas de Moros y cristianos o San Blas, por su gran torre y sus parques naturales vivía una chica llamada Natalia. Natalia era un chica muy alegre y familiar y siempre estaba dispuesta a ayudar a todo aquel que necesitara ayuda.

Todos los martes cogía el coche y se iba con sus padres y su tío a casa de sus abuelos. Charlaban, jugaban al parchís, comían la increíble sopa de la abuela de Natalia y se reían sin parar.

Sin embargo, el martes 29 no fue así. Ese mismo día anunciaban en las noticias una DANA. Los ciudadanos de Valencia no estaban acostumbrados a que lloviese y en el caso de que lo hiciese solo duraba un ratito. Es por esto, que nadie se preparó realmente para lo que venía y todas las personas salieron como cada día a la calle.

Así pues, como cada martes Natalia estuvo con su familia divirtiéndose y riéndose sin parar. Cuando se hizo la hora de marcharse a Torrent se despidieron de sus abuelos y fueron al coche. Todo parecía normal, en la carretera de La Torre, donde ellos estaban, a penas llovía y todo estaba tranquilo. Sin embargo, pasaron los minutos y todo cambió. Los barrancos de los pueblos de al lado se comenzaron a desbordar y el agua llegó donde estaban ellos.

Natalia se dio cuenta de que algo no iba bien y nerviosa se lo dijo a sus padres.

— ¡Papá! ¡Mamá! Hay agua en...

Antes de que acabara Natalia de hablar su padre dijo:

— ¡El agua está comenzando a entrar en el coche!

En cuestión de segundos el agua había llegado a la altura de las piernas de Natalia y su familia, lo que hizo que se pusieran muy nerviosos.

De repente, un hombre a lo lejos les comenzó a gritar:

— ¡Salid del coche! ¡Corréis peligro!

Su tío sin dudarlo le hizo caso y salió rápidamente pero cuando Natalia y sus padres fueron a hacerlo sus puertas no se abrían por culpa de la fuerza del agua. El tío lo primero que pensó fue decirles:

— ¡Abrid las ventanas y salid por ahí, yo os ayudaré!

Como no tenían otra escapatoria les hicieron caso.

El primero en salir fue el padre, quién rápidamente corrió a ayudar a Natalia para que saliese del coche. Al intentar sacarla se le cayeron sus pequeñas gafas redondas y su móvil al agua. Ella asustada al no ver nada sin sus gafas intentó cogerlas, pero el agua se las llevó muy lejos y no pudo. Después de esto, su padre logró sacar a Natalia del coche el cual poco a poco se llenaba cada vez más de agua. Solo quedaba su madre por salir, el hecho de que fuera la última hizo que se le complicara incluso más la situación. Sin embargo, el tío de Natalia no la iba a dejar dentro, reunió toda la fuerza que tenía y la sacó de ahí.

A pesar de que ya estuviesen afuera del coche, la carretera estaba inundada y el agua les llegaba por la cintura, tenía mucha fuerza. El tío comenzó a gritar:

— ¡COGEROS TODOS, LA CORRIENTE ES MUY FUERTE!

Cuando parecía que ya estaban más seguros agarrados los unos a los otros la fuerza del agua hizo que la madre de Natalia se soltará de su padre. Natalia, no iba a permitir que esa fuera la última vez que viera a su madre, así que rápidamente la cogió del brazo antes de que el agua se la llevara y la salvó. Su madre no tenía palabras de lo que acababa de pasar, su hija Natalia le había salvado de la corriente, le miró y sintió el mayor orgullo que había tenido nunca por nadie.

De nuevo apareció el hombre que antes les había avisado del peligro y dijo:

— Venid, aquí estaréis seguros.

Tardaron unos minutos hasta llegar donde el señor les había indicado, pero lo consiguieron y por fin estuvieron en un lugar seguro. El agua les llegó tan alto que perdieron todo lo que tenían y no podían comunicar a nadie donde estaban. Así que esperaron durante horas en ese lugar hasta que todo se calmó y pudieron caminar de vuelta a casa de los abuelos. A causa de la catástrofe que había ocurrido no pudieron regresar a Torrent hasta el día siguiente. Cuando abrieron las puertas de su casa y se sentaron en el sofá no se creían todo lo que había pasado y la suerte que tenían de que todos estuvieran bien. Además, solo tenían una cosa clara y era que iban a hacer lo posible para que esto no se quedara en el olvido.

# La señorita DANA

Miriam Hernández García

Un día, Marc, su hermanito Fran y sus papás, decidieron ir en coche a visitar a sus abuelitos. Fue una tarde muy divertida: comieron, jugaron y se rieron mucho juntos.

Cuando empezó a anochecer, ya era hora de volver a casa.

De camino a casa, se encontraron con la sorpresa de que una gran tormenta, llamada "la señorita Dana" vino a visitarles.

Marc y su familia, tenían que hacer todo lo posible para escaparse de la señorita Dana y ponerse a salvo.

Marc y Fran sabían que no debían asustarse porque sabían los pasos que debían seguir en una emergencia.

Desde el coche, Marc y Fran iban viendo cómo el agua poco a poco subía.

Marc tuvo la gran idea de llamar al número de ayuda, para que los bomberos vinieran a rescatarlos. Pero había un problema, Marc no se acordaba cual era ese número tan importante.

Por suerte, su hermanito Fran sí que se lo sabía, se lo aprendió en la escuela. Por lo tanto, le enseñó a Marc como acordarse del número especial:

— ¿Cuántas bocas tenemos? — preguntó Fran.
— Una — respondió Marc.
— ¿Y cuántas narices tenemos? — preguntó Fran.
— Una — respondió Marc.
— ¿Y cuántos ojos tenemos? — preguntó Fran.
— Tenemos dos ojos — respondió Marc.

¡Entonces Marc recordó el número mágico!:

— El 1-1-2. El 1 de la boca, el otro 1 de la nariz, y el 2 de los dos ojos que tenemos — dijo Marc. Rápidamente, la mamá cogió el teléfono y llamó al 112.

Mientras, Marc bajó las ventanas del coche, para que todos pudieran subir al techo del coche, el lugar más seguro al que podían ir hasta que viniesen los bomberos.

Con ayuda de sus papás, Marc y Fran salieron por la ventana del lado contrario a la que corre el agua, y se pusieron todos juntos en el techo, esperando a los bomberos.

Finalmente, pasaron 10 minutos y los bomberos les pudieron rescatar. Los bomberos felicitaron a la familia por haber seguido los 4 pasos para estar a salvo:

1. Mantuvieron la calma.

2. Llamaron al 112.
3. Bajaron las ventanas.
4. Subieron al techo del coche.

Gracias a que todos sabían qué hacer, lograron ponerse a salvo y aprendieron lo importante que es estar preparados para una emergencia.

Marc prometió que recordaría siempre esos cuatro pasos y el número de emergencias.

Se lo enseñaría a sus amigos para que todos estuviesen listos por si la señorita Dana les vuelve a visitar.

La señorita DANA
*Cuento pictografiado*
https://ir.uv.es/oPKUsC0

# Oliviana y sus burbujas salvadoras

Laura Huerta Amores

Danti era un osito que vivía en un pueblo alejado de la ciudad llamado Valentia. Como un día cualquiera, Danti se fue a la escuela para dar clase. A Danti le encantaba ir al colegio porque aprendía mucho, se lo pasaba muy bien con sus amigos, y su maestra era muy alegre y divertida. Ese día, aprovechando que estaba nublado, hicieron un juego sobre los diferentes tipos de clima.

Cuando llegó la hora de irse a casa, Danti emprendió su camino. El colegio estaba en el centro del pueblo y él vivía por las afueras, por lo que tardaría unos minutos en llegar a su casa. El cielo se iba poniendo cada vez más oscuro y Danti empezó a acelerar el ritmo de sus pasos. Sin embargo, la sorpresa llegó cuando, en apenas 5 minutos, empezó a llover con mucha fuerza. Danti empezó a correr porque tenía miedo de la tormenta. Hasta que de repente se tuvo que parar, porque vio que, por una calle, un largo río de agua que iba con mucha fuerza le impedía el paso. Así que no podía cruzar.

Danti, estaba muy asustado, pero recordó las palabras de su maestra: "Cuando tengáis miedo, respirar lentamente y pensar con calma. Recordad que sois muy listos y valientes". Hasta que, de repente, vio como el agua empezó a brillar y a levantarse una figura gigante. ¡Era una ola enorme!

— Hola Danti, soy Oliviana, la ola mágica del agua. Vengo a salvarte para que puedas llegar a casa.
— ¡Hola Oliviana, estoy atrapado y no puedo llegar a mi casa! El agua cada vez es más fuerte, me llega por la cintura y no puedo apenas moverme — dijo Danti con los ojos llorosos.
— Tranquilo Danti, tienes que mantener la calma. Si te pones más nervioso va a ser peor.
— Pero estoy aquí para ayudarte.

Inmediatamente, el agua se empezó a mover y Oliviana creó un puente de burbujas por el que Danti pasó para cruzar la calle.

— Gracias Oliviana, no sé qué hubiera hecho sin tu ayuda. Ahora ya puedo llegar a mi casa. Adiós.
— ¡NO, ESPERA! No puedes irte a tu casa. El resto de las calles también se están inundando y si sigues caminando te vas a volver a quedar atrapado. Debes ir a un lugar seguro y que esté en pisos altos. Yo te ayudaré.

Oliviana hizo una escalera de burbujas por la que Danti subió para poder llegar al primer piso de un edificio.

— ¡Muchas gracias Oliviana, eres mi salvadora! — dijo Danti muy agradecido.
— De nada Danti. Yo me tengo que ir, pero recuerda no salir de esta casa hasta que la tormenta haya acabado. Si no, volverás a estar en peligro. El agua tiene mucha fuerza y arrastra todo a su paso, como ramas, piedras, coches e incluso hasta personas. ¡Ah y se me olvidaba! La tormenta ha

provocado que la electricidad se vaya. Por lo tanto, no hay nada de luz. Te doy esta burbuja luminosa con la que podrás ver en la oscuridad. Además, se pondrá de color verde cuando el peligro haya pasado y podrás salir de casa.

Seguidamente, Oliviana se fue rápido para poder llegar a todos los ciudadanos que estuvieran en peligro.

A la mañana siguiente, Danti se despertó y vio que la burbuja luminosa estaba de color verde. Bajó de la casa y pudo ver el desastre que había ocasionado la tormenta. Todas las calles estaban llenas de barro. Se sintió muy triste porque todo estaba destrozado. Pero cuando levantó la cabeza, una sonrisa creció en su cara cuando vio aparecer muchas burbujas que entraban por las calles para limpiar todo.

Los días siguientes fueron muy difíciles para el pueblo de Valentia ya que había mucho trabajo por delante para poder volver a la normalidad. Pero gracias a las burbujas de Oliviana, todos los ciudadanos tuvieron mucha más ayuda por la que siempre estarían eternamente agradecidos.

Danti miró al cielo y supo que, a pesar de las tragedias, siempre se consigue aprender algo de ellas. Además, siempre habrá alguien que nos ayude, como lo hizo Oliviana.

ILUSTRACIONES 3. FOTOGRAFÍAS DE ALFAFAR TRAS LA DANA (A LA DERECHA UNA ESCUELA DE ED. INFANTIL).

Oliviana y sus burbujas salvadoras
*Cuento pictografiado*
https://ir.uv.es/Rsk2NeA

# El gran monstruo La Dana
María Aznar Revilla

En un pequeño pueblo de la Comunidad Valenciana, llamado Villa Naranjos, todo era muy bonito. Sus campos estaban llenos de frutas y flores que hacían al pequeño lugar muy especial. Pero, un día, algo extraño sucedió. El cielo se volvió gris y aparecieron grandes nubes, el viento soplaba muy fuerte y la lluvia empezó a caer. ¡Y de pronto, del barro apareció un gran monstruo!

Se llamaba Dana. Era un monstruo de barro, agua y viento. Cada vez que rugía hacía temblar los árboles y con cada gota de lluvia se hacía más y más grande. El agua cubría todo lo que encontraba a su paso. La Dana inundo las calles, las casas y hasta las escuelas del pueblo. Muchas personas se quedaron sin sus hogares y, los niños y niñas ya no podían jugar ni ir a clase.

La gente del pueblo estaba muy asustada, ya que todo se llenaba de barro. Al ver lo que estaba pasando, un pequeño grupo de niños y niñas del pueblo no se podían quedar quietos. Sabían que tenían que hacer algo y salieron protegidos a las calles para poder combatir a La Dana. Pronto se dieron cuenta de que necesitaban mucha más ayuda y recursos. Entonces, llamaron a un grupo de personas de todo el mundo. A este grupo se les conocía como Los Voluntarios. Estos héroes y heroínas no llevaban capas ni trajes especiales, pero tenían algo mucho más importante: ¡su valentía y sus ansias de ayudar!

Cuando los héroes y heroínas llegaron a Villa Naranjos se reunieron en la plaza del pueblo y la líder, Ona, les dijo:

> — ¡La Dana es muy fuerte, pero nosotros somos más fuertes si trabajamos juntos! ¡Vamos a salvar el pueblo! —.

Todos, con su armadura compuesta por botas de agua y mascarillas y elevaron sus armas al aire: unos llevaban escobas y otros palas y cubos. Estaban preparados para combatir al monstruo.

Cada uno tenía un papel: unos despejaban los desagües y alcantarillas para que Dana se desvaneciera por ellos, algunos ayudaban a los vecinos a ponerse a salvo y otros se dedicaban a repartir comida a las personas que lo necesitaran. Los niños ayudaban a sus vecinos, y todos trabajaron mucho para que las casas, los colegios, y las calles pudieran volver a ser un lugar seguro.

Finalmente, la Dana desapareció de Villa Naranjos, dejando muchas casas, tiendas y colegios cubiertos de barro. A pesar de ello, los habitantes de aquel pueblecito pudieron respirar aliviados al ver que lo peor había pasado. El pueblo entero salió a festejar, agradeciendo a Los Voluntarios por su acto heroico. Y lo más importante, todos se dieron cuenta de que juntos podían empezar de nuevo y reconstruir todo.

ILUSTRACIÓN 4. DANA EL MONSTRUO. CREADA POR BING.COM

Desde ese día, cada vez que llovía en Villa Naranjos, la gente no se asustaba. Sabían que, aunque La Dana podía volver, gracias a la ayuda de Los Voluntarios podían combatirla, ya que les habían enseñado a hacerlo por ellos mismos. Sabían perfectamente lo que tenían que hacer: siempre bien protegidos con botas de agua y mascarillas, debían de coger sus mejores armas como escobas, palas y cubos e ir a por ella con todas sus fuerzas y, también debían de subir rápidamente a las zonas más altas del pueblo, para que la gran marea que el monstruo causaba no dañara a nadie. Todos unidos, podían con todo. La Dana no iba a atreverse jamás a pisar Villa Naranjos.

# El pueblo que aprendió de la lluvia

Ainoa Garrido Andreu

Un día, Bruno, Paula y Nerea fueron al parque y estuvieron jugando con sus amigos hasta que tuvieron que volver a su casa porque sus padres les dijeron que venía una fuerte lluvia. Mientras estaban en su casa oían el viento que se movía en la calle y escuchaban los relámpagos y la gran lluvia. Los niños veían desde sus casas como el agua iba cubriendo las calles y se lo llevaba todo. De pronto, un fuerte sonido en el móvil comunicó el gran peligro que era salir a la calle.

Al amanecer, la lluvia había parado y la gente salía de sus casas. El pueblo era otro.

Los hermanos Bruno, Paula y Nerea fueron con sus padres a visitar a sus abuelos para ver cómo estaban. Las calles estaban llenas de barro, había muchos coches unos encima de otros e incluso vieron juguetes con barro tirados por el suelo. Los hermanos miraban con sorpresa y tristeza.

De camino a casa de sus abuelos, vieron en el suelo un gran charco. En el fondo del charco Bruno vio una cosa extraña: era un reflejo de casas y había luces, como si en aquel charco hubiera un mundo secreto.

En ese momento, apareció una criatura; era Glumer, el rey de la Ciudad de las Aguas.

De pronto dijo: Hola niños, soy el rey de la Ciudad de las Aguas. Como habéis visto ha aterrizado en este pueblo Dana y ha dejado un gran desastre.

Paula le interrumpió y dijo: Pero ¿cómo podemos ayudar para que esto no vuelva a pasar?

Glumer, con un tono serio, les dijo a los niños que le escucharan porque les iba a dar varios consejos para poder ayudarlos:

1. Cuando la lluvia llegue con fuerza tenéis que estar en lugares altos y seguros porque el agua puede crecer muy rápido.
2. Es importante que uséis linternas o velas para guiar vuestros caminos si no hay luz.
3. Cuando venga una gran lluvia no salgáis de casa y haced caso a los padres.
4. En caso de salir a ayudar es importante utilizar protección como mascarillas y guantes.
5. Nunca estéis cerca de la orilla de los ríos ni vayáis a las calles que parecen arroyos.
6. Es importante que le digáis a vuestros padres que no bajen al garaje a por los coches.

Los hermanos se miraron y se sintieron con un gran deber. Recordaron las noticias que escucharon esa misma mañana por la televisión: muchas familias habían perdido sus casas.

Bruno miró a Glumer y le dijo: haremos todo lo que nos has dicho. Se lo contaremos a nuestros padres y a nuestros amigos.

Glumer les sonrió y en sus ojos se encendió un brillo de esperanza. Les dijo: Gracias amigos, seguid estos consejos y el pueblo y vosotros estaréis a salvo.

Después de ello, Glumer y el reflejo de la ciudad empezaron a desaparecer. Al regresar a casa, Bruno, Paula y Nerea decidieron escribir los consejos en una lista para poder colgar la lista en el colegio y compartirla con sus compañeros. Decidieron que cada año recordarían estos consejos para que nunca jamás la lluvia hiciera daño a su pueblo.

Con ello los niños aprendieron una gran elección: aunque a veces las tormentas crean

ILUSTRACIÓN 5. LA AYUDA DE TODOS CUENTA.

desastres naturales, si todos estamos juntos y unidos, se puede superar cualquier tormenta.

El pueblo que aprendió de la lluvia
*Cuento pictografiado*
https://ir.uv.es/NOYJ4Ze

# Un cumpleaños inolvidable

Olga Vera Hernández

Era una mañana de octubre en Valencia, cuando una niña llamada Manuela se preparaba para ir al colegio de su barrio, Campanar. Como cada día, Manuela fue a clases de piano, después de salir del colegio.

Esa tarde Manuela y su familia decidieron ir a ver a sus abuelos al pueblo de

Paiporta, para celebrar en una cena con toda la familia el 80 cumpleaños de su abuela Lola. De camino, el cielo se iba oscureciendo, dejaban de haber coches en las carreteras, y personas en la calle.

Algo les hizo poner la radio, en la que se estaba hablando del temporal tan fuerte que se estaba aproximando. En ese mismo momento, el caos empezó a sembrar en ese coche, pero ya era tarde para dar media vuelta y volver a Campanar, por lo que decidieron seguir la ruta hacia la casa de los abuelos.

El camino hacia Paiporta fue un tanto angustioso y complicado, pero consiguieron

llegar a la casa de los abuelos sanos y salvos, antes de que llegara lo peor. Una vez dentro, empezó el miedo, miraban por las ventanas y solo veían agua y escuchaban gritos desesperantes de ¡AYUDA!

- — Mamá, ¿qué está pasando ahí fuera? — preguntó Manuela
- — Cariño, ahora no es momento de preguntas, luego te lo explicaré todo.
- — Ahora solo debemos seguir unas indicaciones si queremos seguir celebrando el cumpleaños de la abuela muchos años más — contestó la madre de Manuela.
- — Primero vamos a hacer una mochila rápida entre todos. Necesitamos agua, comida enlatada, linternas y velas. Y tú, Manuela, coge la tarta — dijo el padre de Manuela.
- — ¡Venga, subid todos a la terraza, que tenemos que salir de aquí! — gritó el abuelo Lorenzo.

Una vez arriba, y algo más relajados, con unas sábanas que tenían tendidas, rescataron a algunos vecinos que se encontraban en peligro por las fuertes corrientes de agua.

Conforme iba avanzando la noche, el temporal iba perdiendo fuerzas y, con ello, la gente.

A la mañana siguiente se encontraba todo el pueblo destrozado, y ahí empezó lo peor, levantar un pueblo en el que no había quedado nada.

- — Nuestra misión de hoy es ayudar a limpiar la casa de los abuelos — dijo María, la mamá de Manuela.
- — Pero antes, ¿podemos soplar las velas? — preguntó Manuela algo triste.

— ¡Claro que sí!, pero no solo vamos a soplar las velas por el cumpleaños de la abuela, también para celebrar que estamos todos vivos — contestó Adrián, el padre de Manuela.

Sacar de todo lo ocurrido algo en clave: primero, que siempre hay algo por lo que dar gracias, y segundo, que este plan de actuación no quede en el olvido.

# El pueblo salva al pueblo
Hugo Ortega Flores

A Martín le encantaba ir a la escuela todos los días. Pero una mañana, su hermano mayor, Hugo, le dio una noticia: ese día no podría ir a clase. "Hoy lloverá mucho", le explicó Hugo. "Dicen que es mejor que los niños se queden en casa para estar seguros".

Martín se sintió triste; le gustaba mucho la escuela y extrañaría a sus amigos y a su maestra. Durante la mañana, miraba por la ventana y se preguntaba por qué no podía ir, ya que apenas llovía y todavía veía a gente caminando por la calle.

Entonces, Hugo le propuso un juego para animarlo: adivinar qué dibujos estaba haciendo. Martín se entretuvo y se olvidó por un rato de sus ganas de ir a la escuela.

Por la tarde, mientras el cielo se ponía oscuro y los truenos sonaban a lo lejos, Martín y Hugo se acurrucaron en el sofá para ver una película juntos. De repente, se fue la luz y, desde la ventana, comenzaron a ver destellos de luces naranjas y azules. Hugo se levantó para ver qué pasaba y, con cuidado, miró desde el balcón.

Afuera, un coche de policía recorría las calles, y una policía, a quien Martín llamó "la más valiente del mundo," advertía: "¡Todos a casa! El río se ha desbordado. ¡Por favor, todos a casa!" Martín se asomó junto a Hugo y, para su sorpresa, vio las calles llenas de agua, como si un río se hubiera escapado y estuviera corriendo por el pueblo.

Ya dentro de casa, Martín no podía dejar de mirar por la ventana. Observaba cómo el agua subía y subía. Al ver que Martín estaba asustado, Hugo le dio un abrazo muy fuerte y le dijo: "No te preocupes, hermanito, estoy aquí contigo. Yo también tengo un poco de miedo, pero sé que nada malo nos va a pasar". Hugo le prometió a Martín que vigilaría el agua toda la noche y, si era necesario, se moverían a un lugar seguro. Aunque todavía tenía miedo, Martín se sintió un poco más tranquilo al saber que su hermano estaba cuidándolo.

Esa noche, Martín con todas sus fuerzas intentó dormir, pero cada tanto se despertaba con el sonido del agua, la lluvia y la voz de sus vecinos. En un momento, se levantó para ver a Hugo, quien, fiel a su promesa, vigilaba el agua. Hugo al verlo le sonrío y le dijo: "Ha entrado algo de agua al edificio, pero todo está bien. Los vecinos se están ocupando de eso. Duérmete un poquito más".

A la mañana siguiente, cuando la lluvia había parado y el agua se había ido, Martín se asomó al balcón y vio que la calle estaba cubierta de barro. Hugo lo llevó a fuera y, al abrir la puerta, Martín casi no reconoció el lugar. Todo estaba en silencio, y las personas se abrazaban y se ayudaban unas a otras. Martín veía a algunos llorando y a otros ayudándose en silencio.

Por la tarde, Hugo le propuso a Martín salir a ayudar a quienes lo necesitaban, así que se pusieron a repartir alimentos y mantas. Juntos se unieron a otros vecinos, que habían organizado una pequeña recolecta para llevar víveres a quiénes lo necesitaban. Martín se sorprendió al ver personas de pueblos cercanos que habían venido a ayudar sin buscar nada a cambio. Familias traían coches llenos de comida y ropa, y jóvenes como su hermano Hugo, habían venido caminando de otros pueblos para ayudar a sacar el barro de las casas.

Cuando se hizo de noche, Martín y su hermano volvieron a casa. Hugo le explicó a Martín lo especial y emocionante que es sentir que todo el pueblo se ha unido con un único fin: ayudar. Le dijo: "Hoy hemos visto cómo el pueblo salva al pueblo, Martín. Cuando todo parece difícil, siempre hay alguien dispuesto a echarte una mano". Martín, al recordar todo lo vivido, miró a su hermano y, en voz baja, le dijo: "Somos afortunados, ¿verdad? Porque estamos vivos después de todo".

ILUSTRACIÓN 6. DE IZQUIERDA A DERECHA Y DE ARRIBA ABAJO: MOMENTO DONDE MARTÍN MIRA POR LA VENTANA Y VE A GENTE EN LA CALLE; MOMENTO DONDE VEN EL RÍO ENTRAR A LA CALLE; EMPIEZA A ENTRAR AGUA EN EL EDIFICIO; EMPIEZA A ENTRAR AGUA EN EL EDIFICIO.

# ¡Héroes por una semana!

Irene Peiró Martínez

Érase una vez, una maestra muy querida por sus alumnos, la Señorita Irene, que era de Alboraia, un pueblo muy cercano a la ciudad de Valencia.

Un día su ciudad sufrió una gran llovida, conocida como DANA, que provocó el desbordamiento de varios barrancos, afectando a muchos pueblos de alrededor y dejándolos completamente inundados.

ILUSTRACIÓN 7. TODA UNA VIDA.

Tras la tormenta, comenzaron a salir por las noticias muchas imágenes y videos de los pueblos, informando que habían quedado destrozados y llenos de barro.

La señorita Irene se puso muy triste, así que decidió llamar a su grupo de amigos y amigas.

— "Chicos y chicas, nuestro pueblo no ha sido afectado, pero tenemos que hacer algo por ayudar a nuestra ciudad y a los ciudadanos de L'Horta Sud. ¡Vamos a convertirnos en héroes por una semana!" – Les dijo con gran entusiasmo.

Y todos dijeron a la vez "¡Sí, debemos ayudarles!"

Juntos comenzaron a informarse para ver qué era lo mejor que podían hacer, y fueron planificando la semana.

Los primeros días, decidieron comprar alimentos, ropa y productos de higiene, y donarlos en diferentes puntos de recogida que había por Valencia. Y con la ayuda de la madre de la maestra que tiene una zapatería, también pudieron donar botas de agua y zapatos para muchos niños y niñas.

Además, se dieron cuenta de que en esos lugares se necesitaba bastante ayuda, así que lo siguiente que hicieron, fue ir a echar una mano al estadio de fútbol del Valencia y a la Asociación de vecinos de Benimaclet, organizando y clasificando todo lo que iba donando la gente y llenando camiones que se dirigían a los pueblos afectados para poder repartirlo.

Más tarde, comenzaron a ver por la televisión que mucha gente se estaba acercando a los pueblos más afectados y que se podía ir a ayudar. Así que, sin pensarlo, la señorita Irene dijo:

— "Chicos y chicas mañana nos levantaremos temprano y nos iremos a los pueblos afectados a colaborar. ¿Qué os parece la idea?"

— "Me parece una idea fantástica, hay que ayudarles a salir de esta catástrofe" – dijo una de sus mejores amigas.

— "Sí, y no solo iremos a trabajar, sino que también llevaremos un poco de alegría. Y ya que dos de nuestras amigas, Marta y Paula, viven en uno de los pueblos más afectados, ¿Qué os parece si compramos algo que les alegre tanto a ellas como a su vecindario y les damos una sorpresa?" – dijo otro de sus amigos.

ILUSTRACIÓN 8. GRATITUD HACIA EL PUEBLO, NO HACIA LOS POLÍTICOS.

A todo el grupo le pareció buena idea, así que al día siguiente se encontraron en la parada del bus todos bien equipados con botas de agua, guantes, escobas y mascarillas, y pusieron rumbo a Paiporta.

Al llegar, todo era muy impactante, Vieron que después de varios días las calles seguían llenas de barro y muchísimas casas y garajes pedían ayuda, así que sin dudarlo se pusieron manos a la obra.

Algunos empezaron a quitar el barro de las calles junto con los vecinos, mientras otros ayudaban a sacarlo de los hogares. La gente era super agradable, así que con esfuerzo y mucha unión fueron avanzando.

Mientras trabajaban, la señorita Irene no podía pensar en sus íntimas amigas, que desde que llegaron no pudieron ir a dar una mano, pues en muchas casas también necesitaban su ayuda.

Después de varias horas y después de repetir muchas veces, "¡Vamos equipo, que podemos!" Finalmente lograron quitar una gran cantidad de barro y se dirigieron a casa de sus amigas. "¡Vamos a llevarles las chuches que hemos comprado, y a darles mucho amor!" – dijo la maestra.

Cuando se acercaban a la casa, las vieron muy tristes mirando su calle.

— "Sorpresa" – gritó todo el grupo a la vez, haciendo que las dos amigas se giraran muy sorprendidas. "¡Hemos venido a ayudaros y a traeros un detalle para animaros un poco!"

Marta y Paula no podían dejar de sonreír. "Sois increíbles" – dijeron. Y entre lágrimas abrieron los brazos para dar un enorme abrazo a todo el grupo a la vez.

ILUSTRACIÓN 9. UN MISMO PUENTE, DOS REALIDADES DIFERENTES.

Continuaron la tarde colaborando con sus amigas y sus vecinos, mientras hacían pequeños descansos para jugar con algunos niños y niñas que estaban por allí, quienes más disfrutaron de los dulces.

Y al terminar se fueron a casa cansados, pero con una gran sonrisa en la cara.

El resto de la semana continuaron yendo a otros pueblos como Sedaví y Massanassa, y llevando chuches y algún que otro juguete, pues se dieron cuenta de que en medio de esta catástrofe también tenían que intentar animar a los más pequeños.

Al acabar la semana la señorita Irene, se sentó en el sofá muy agotada, y pensó en todo lo que había hecho. "Estos días han sido muy motivadores y me he sentido super feliz ayudando a los demás. Cuando las cosas se ponen difíciles, debemos contar unos con otros, porque no solo hay que estar para lo bueno, sino también para lo malo".

Y colorín colorado, este cuento se ha acabado.

# TICO, el conejo consejero

Emma Gómez Gasó

En un pueblo muy tranquilo junto a un gran río vivía Lucas, un niño de seis años junto a su fiel compañero Tico, un conejito de peluche de color gris, blandito y con orejas muy largas. Pero Tico no era un peluche común, ¡tenía un superpoder!, cuando nadie más lo escuchaba, hablaba con Lucas y siempre le daba los mejores consejos.

Una tarde, mientras Lucas jugaba con Tico en su habitación, su mamá entró preocupada y le dijo:

— Lucas, han anunciado una DANA...

Lucas miró a Tico con inquietud y preguntó:

— ¿Qué es una DANA?
— Pues significa que va a llover mucho y el río podría desbordarse, así que tenemos que prepararnos" — Dijo Tico.
— ¿Y qué tenemos que hacer?" — preguntó su madre.

Tico, que siempre estaba listo para ayudar, se puso serio y dijo:

— Escuchadme bien, porque hay varias cosas importantes que debemos hacer.

Tico comenzó a explicar paso a paso, asegurándose de que todos entendieran cada detalle.

— Lo primero que vamos a preparar es una mochila de emergencia, necesitaremos linternas, baterías portátiles, agua, alimentos enlatados, un botiquín, ropa seca y los documentos importantes. Tico continuó— ¡Otra cosa muy importante que casi olvido! El agua va a subir por lo que no podemos bajar al garaje a por los coches. Si bajamos sería muy peligroso porque el agua podría entrar muy rápido y quedarnos atrapados dentro. Igual que, pase lo que pase no hay que salir a la calle.
— ¿Y si empieza a entrar el agua que podemos hacer? — Preguntó la madre de Lucas.
— Subiremos al segundo piso o pediremos ayuda a los vecinos de arriba. Ellos seguro nos darán un lugar seguro hasta que todo pase".

Esa noche cuando empezó a llover Lucas y su familia siguieron todos los consejos de Tico. Prepararon las mochilas, cerraron las puertas y ventanas, subieron las cosas importantes al segundo piso y se quedaron todos dentro de casa.

Al día siguiente, cuando la tormenta ya había pasado, revisaron su casa y vieron que estaban a salvo por haber seguido las instrucciones de Tico. Cuando al fin pudieron salir a la calle escucharon que algunas familias del pueblo habían perdido sus cosas e incluso sus casas.

Lucas miró a Tico un poco triste y le dijo:

— Tico, a mí me has ayudado mucho y creo que podrías ayudar a otros niños.

Tico sonrió y contestó:

— Aunque me pone triste tener que irme es una gran idea, Lucas.

Así que un poco triste, pero con mucha ilusión, Lucas colocó a Tico en una caja con una nota que decía:

— "Este es Tico, un amigo especial, él siempre me ayudó a sentirme seguro. Ahora será tu amigo y te dará la ayuda que necesites".

Y así, con el paso del tiempo Tico viajó por todo el mundo enseñando a muchos niños cómo estar preparados frente a las tormentas, dando consejos para que no tuvieran miedo y estuvieran a salvo.

# La aventura de Tina y el gran chaparrón

David Romero Cuenca

En un bonito pueblecito rodeado de naranjas y montañas, vivía Tina. Tina era curiosa, valiente y siempre estaba acompañada de sus amigos. Paco, que adoraba contar chistes; Lila, que era la más rápida del grupo; y Coco, que siempre tenía grandes ideas.

Cada tarde, después de la escuela, se reunían junto al río para jugar. Era su lugar favorito en todo el mundo. Pero un día, algo extraño ocurrió. Mientras jugaban, Tina notó que el cielo se estaba oscureciendo. "Parece que viene lluvia", anunció Coco mirando hacia las montañas. Paco dijo que no había de qué preocuparse, pero en ese instante, una fuerte ráfaga de viento movió los árboles con fuerza.

Entonces, de un momento a otro empezó a llover. Primero gotitas finas, pero rápidamente se transformó en un chaparrón gigante. La lluvia golpeaba tan fuerte que los charcos crecían y el río comenzó a rugir.

— "¡El río se está llenando mucho!", gritó Paco. "¡Hay que irnos!".

Los amigos corrieron a toda prisa hacia la escuela, que era el lugar cercano más seguro. La maestra ya los estaba esperando en la puerta. "Entrad rápido niños, estáis a salvo aquí", dijo con su voz tranquila y sabia.

Dentro de la escuela había más niños, los cuales al igual que el grupo de amigos, habían sido sorprendidos por el chaparrón mientras jugaban por los alrededores del río y habían acudido a la escuela en busca de refugio. La maestra les pidió que se sentaran en círculo y les dijo:

— "Sé que esta lluvia parece muy fuerte y puede asustarnos, pero no hay que tener miedo. Las lluvias así a veces ocurren, pero podemos protegernos si sabemos qué hacer".

Los amigos escuchaban atentos a la maestra mientras está sacaba una gran pizarra y dibujaba tres reglas mágicas:

1. Escucha a los mayores: "Siempre seguid las indicaciones de los adultos. Si dicen que no salgas de casa o que vayas a un lugar seguro, como la escuela, es para protegerte".
2. Cuida por dónde vas: "Evita andas por el agua o en sitios cercanos a esta ya que puede ser peligroso".
3. Prepara una mochila mágica: "Es bueno tener lista una mochila con linterna, ropa seca, algo de comida y agua. Así estaréis preparados para cualquier cosa".

Durante la noche, la lluvia siguió cayendo con fuerza. El río se desbordó y las calles se llenaron de agua. Aquella noche, aunque el viento ululaba y la lluvia no paraba, sabían que estaban seguros.

Al amanecer, el sol empezó a asomarse tímidamente entre las nubes. La lluvia finalmente había parado. Cuando Tina y sus amigos salieron de la escuela, no podían creer lo que veían. Algunos árboles habían caído, el río se había salido de su cauce y las calles estaban llenas de barro. No obstante, el pueblo ya se encontraba dándose auxilio y echándose una mano mutuamente, cosa que conmovió a los amigos.

Una vez asimilado el paisaje que tenían ante ellos Tina respiró hondo, sonrió y dijo:

— "Gracias a la maestra y a nuestras reglas mágicas estuvimos a salvo. ¡Ahora podemos ayudar a que todo vuelva a ser bonito!". Así pues, los tres amigos se pusieron manos a la obra.

# El arcoíris
Marina De Angelis Sanchis

Érase una vez un niño que se llamaba Lucas al que le encantaban los días lluviosos, ya que él siempre decía que después de la tormenta salía un arcoíris.

Una mañana en el colegio Lucas se asomó a la ventana y vio que el día estaba un poco triste, muy nublado... ¡Se acercaba una tormenta! Lucas se empezó a emocionar.

Siempre después del colegio, Lucas y sus padres van un rato al parque, aunque ese día decidieron irse a casa ya que el tiempo estaba empezando a ponerse muy mal. Lucas y su familia llegaron a casa y se pusieron tranquilamente a ver una película, cuando de repente una fuerte alarma sonó en los móviles de sus padres:

— Lucas: ¡Mamá! ¡Papá! ¿Qué es eso?

Los padres de Lucas se quedaron asombrados al ver las pantallas de sus móviles.

— Mamá: ¡Es una alerta meteorológica!
— Papá: Bajo ningún concepto debemos salir de casa. Debemos hacer caso a las indicaciones:
1. No salir de casa
2. Buscar y permanecer en un sitio seguro
3. Mantener la calma
4. Avisar al 112

Lucas estaba confundido, y su cabeza solo pensaba en: ¿cómo la lluvia podría ser tan peligrosa?

Lucas y su familia estaban experimentando muchas emociones: Tenían miedo, nervios, y estaban muy inquietos por qué no sabían qué iba a pasar.

Los relámpagos, el viento y la lluvia iban creciendo poco a poco.

A la mañana siguiente, ya no llovía, por lo qué Lucas y sus padres salieron de su casa como un día normal, pero se encontraron con un gran desastre... ¡La lluvia había destrozado las calles!

El pueblo estaba muy triste por lo sucedido, pero más unido que nunca, por lo que se pusieron manos a la obra. Parecía que el desastre nunca se acababa, pero poco a poco, con ayuda de todos, iba desapareciendo y volviendo todo a la normalidad. Mientras limpiaban las calles, todos iban vestidos adecuadamente para así no coger ninguna infección y estar sanos. Lucas estaba muy pendiente de que todos llevasen los guantes, la mascarilla, las botas, las gafas de protección... No quería que nadie se pusiese malito.

Después de mucho esfuerzo... ¡El pueblo ya estaba bien!

— Lucas: ¡Lo conseguimos! ¿Lo veis? ¡Después de una tormenta siempre sale el arcoíris!

El arcoíris
*Cuento pictografiado*
https://ir.uv.es/uSAi98V

Recomendaciones ante una DANA
*Infografía*
https://ir.uv.es/psdQE8p

# La gran lluvia y los pequeños valientes
Daniel Vizuete Rovira

Era el primer día de regreso a clase después de la gran catástrofe que habían vivido muchos de los habitantes valencianos, una gran DANA, que se resumía en una tormenta que había traído muchísima lluvia a muchos de los pueblos valencianos.

Esta lluvia era tan fuerte que a veces parecía que todo estaba bajo el agua. Al llegar a clase, los niños y yo estábamos emocionados de vernos de nuevo y compartir nuestras historias.

— "¿Qué habéis visto durante la gran lluvia?", les pregunté.

Enseguida, Miguel levantó la mano y dijo, "¡Vi un charco tan grande que parecía una piscina!" Todos rieron y empezaron a contar sus experiencias. Carla nos contó cómo ayudó a sus papás a recoger la ropa y los muebles del jardín antes de que llegara la gran lluvia, y Mateo nos dijo que vio a los bomberos, policías y grandes grupos de gente ayudando a la gente que lo necesitaba.

Les expliqué que cuando llueve tanto, como en la DANA que vivimos, es importante saber qué hacer para estar seguros. Así que hablamos sobre algunas "reglas de pequeños valientes" que siempre debemos recordar:

1. Mantener la calma y escuchar a la maestra: Es importante no asustarnos y hacer caso a lo que nos diga el maestro, la maestra o un adulto.
2. Buscar un lugar seguro: Si estamos dentro del colegio, nos alejaremos de las ventanas y nos pondremos en un lugar seguro.
3. Regresar al aula rápidamente: Si estamos en el patio y empieza a llover fuerte, volveremos al aula rápidamente siempre con la compañía de un adulto.
4. Mantenernos juntitos y en silencio para escuchar bien las instrucciones.

Para practicar, jugamos a ser "pequeños valientes". Hicimos un simulacro: unos niños jugaban a estar en el patio, otros en el aula, y cuando yo decía "¡empieza la gran lluvia!", todos practicaban cómo moverse en silencio a un lugar seguro.

Al terminar el juego, les pregunté cómo se sentían al saber qué hacer si vuelve a llover así de fuerte. "¡Estamos listos!", dijeron todos en voz alta. Aprendimos que todos podemos ser pequeños valientes y cuidarnos unos a otros, escuchando y siguiendo las reglas de seguridad. Y al final de la clase, cantamos una canción sobre la lluvia y sobre lo importantes que son los amigos para estar a salvo juntos.

# Día Gris
Yousra Rouba Benzerouali

Mi madre me despertó como un día cualquiera a las 8 de la mañana, solo que yo notaba en ella algo diferente que me inquietó.

— Buenos días, mamá ¿pasa algo? —Ella me sonrió, suavizando su expresión.
— No te preocupes cariño, va todo bien, solo que hoy están diciendo que va a llover, tienes que llevarte un paraguas.

Fui corriendo hacia la ventana para mirar el cielo y efectivamente estaba gris.

En el colegio nadie parecía preocuparse por la escasa lluvia que caía. Ese día en la asamblea nuestra maestra nos habló de lo importante que era abrigarse cuando llovía y que no debíamos salir al parque si seguía así el tiempo.

Al volver a casa, le dije a mi madre que me llevara al parque. Ella al principio no quiso, pero después de insistir la convencí.

En el parque jugué con mis amigos durante un rato, hasta que la lluvia se empezó a intensificar. De repente cayó un rayo justo al lado nuestro. Este rayo se transformó en un ser de luz. ¡Qué chulo! ¡Además el rayo hablaba!

— ¡Hola, chicos! Soy Riachuelo, os vengo a aconsejar que volváis a vuestras casas. Cuando llueve es mejor no salir al parque porque es peligroso.

Decidieron hacerle caso y cada niño volvió a su casa con sus padres. Esa misma tarde asomado por la ventana de su casa pudo ver como la lluvia se llevaba por delante a los coches aparcados abajo. El rayo apareció encima del edificio de enfrente y le guiñó el ojo.

A partir de ese momento, los niños aprendieron que cuando llovía debían quedarse en casa, abrigarse y hacerles caso a sus padres.

# Tots junts som herois
Paula Folch

En una bella ciutat anomenada València, on sempre brilla el sol i les flors omplin de colors els jardins, vivia una xiqueta anomenada Ariadna.

Ariadna era curiosa i aventurera. Cada setmana, vivia meravelloses experiències de les quals sempre aprenia noves coses. Esta setmana, encara que les experiències no han sigut tan meravelloses, ha après més que mai.

Era una vesprada tranquil·la i Ariadna jugava al parc com tots els dies. En arribar a casa, el seu pare li va explicar que les classes s'havien suspès per l'alerta de la Dana i que demà no aniria al col·le.

— Què és una Dana? Li va preguntar al seu papa.
— Una Dana és quan es forma un gran núvol de pluja molt forta que pot durar diversos dies, i a vegades pot causar problemes. Li va respondre el seu pare.
— Problemes com quins?

Amb veu molt suau el seu pare li va contestar - A vegades, cau molta aigua de colp i això pot causar inundacions, que són com grans tolls que poden cobrir carrers, cases i cotxes. També pot haver-hi molt de vent i trons, la qual cosa pot ser perillós si no estem preparats. Per això, és important quedar-se en un lloc segur quan hi ha una Dana, Però no et preocupes en un parell de dies tornaràs a veure als teus amiguets.

A la vesprada següent, el cel es va enfosquir però no plovia, encara que ella no havia anat al col·le, continuava havent-hi molta gent pel carrer. Ningú s'imaginava el que podia passar, no estaven prou informats.

Prompte, els carrers es van començar a inundar, l'aigua cobria els camins i els cotxes no podien avançar. De sobte la llum es va anar, només se sentia el soroll de l'aigua corrent amb força. A fora, alguns veïns intentaven ajudar a qui ho necessitava. Ariadna i el seu pare no podien baixar a ajudar, però des de casa varen fer tot el possible, llançaren cordes i il·luminaren el carrer amb totes les llanternes que tenien. Espantats, quan ja no podien fer res més se tombaren junts amb una manta i es contaren contes fins que s'adormiren.

Al matí següent, Ariadna va mirar per la finestra, i els seus ulls grans com a plats, van veure que ja res era el que ella recordava. Estava molt trista, no podia parar de pensar com estarien tots els seus amics, quan anava a tornar a veure'ls, on jugarien ara que el seu parc favorit ja no tenia gronxadors i el seu col·le estava ple de fang.

— Què et passa carinyo? Li va preguntar el seu pare.
— Estic molt trista, trobe a faltar la meua vida d'abans.

— Entenc com et sents, però saps què? Quan les coses es trenquen, les persones s'uneixen per arreglar-les. El parc tindrà nous gronxadors, el col·le estarà net aviat, i junts, tots ajudarem als qui més ho necessiten.

Ariadna va mirar al seu pare amb ulls d'esperança. Es van calçar les botes d'aigua, es van protegir amb mascaretes i sortiren junts al carrer, van veure com els veïns i milers de persones d'altres pobles i ciutats netejaven, reparaven i compartien somriures malgrat el cansament.

Des d'aquella vesprada, Ariadna i el seu pare es van unir als altres, ajudant a netejar carrers, portant menjar als qui ho necessitaven i donant ànims als que es sentien desbordats. Ariadna es va sentir orgullosa en veure com, treballant junts, aconseguien que les coses milloraren una mica cada dia.

Els dies es van convertir en setmanes, i encara que fins i tot queda molt per fer, sabem que cada dia estem una miqueta més prop de tornar a veure València brillar.

Encara que les coses puguen canviar de colp, i tot sembla anar malament, és en els moments més difícils quan hem de ser més forts que mai. És important no rendir-se i recordar que junts som més grans.

# Xicotet heroi

Mercé Martí Martínez

En un jardí tranquil d´una casa al poble de Paiporta, vivia un caragolet anomenat Tilo. Cada dia gaudia de la tranquil·litat que la seua llar li oferia. El seu entorn era perfecte, ple de flors acolorides, plantes verdes i petits animalets que, de tant en tant, trencaven el silenci.

Però, una matinada, mentre contemplava el cel estrellat, va començar a sentir el que deia la Marieta Dolça, una papallona a la qual li agradava informar del temps i les novetats del poble, als animalets de la zona, però aquell dia no va dir res important, sols que una joguina del nen de la casa s´havia quedat atrapada entre les branques d´un roser. Tilo mentre estava descansant sobre un tauló de fusta, mirant com jugaven els xiquets al jardí, va seguir escoltant-la.

Aquella mateixa tarda, va començar a sentir un murmuri llunyà, paregut a un fort vent. Però de seguida, el so es va intensificar i l´aigua va començar a entrar al jardí amb molta força. Tilo, espantat, es va trobar flotant sobre el tauló de fusta com si fóra un vaixell. Va recórrer tots els carrers del poble, veient com l´aigua s´emportava tot el que es trobava al seu pas, cases, arbres, bancs, cotxes.

Poc després de la inundació, va veure que tot el poble estava recobert de fang i en les cases de tots els seus veïns del poble és podia veure la tristesa i la desesperació. Tilo va començar a veure moltes persones que passaven per davant d´ell. La majoria anaven carregades amb graneres, pales i altres utensilis de neteja. Tots estaven decidits a ajudar en el que fera falta , per intentar arreglar els danys que l´aigua havia causat. Tilo els va mirar amb curiositat, ja que hi havien molts que eren joves i un d´ells se li va arrimar. A pesar de tota la tensió que sentia, es va relaxar i va deixar que el xiquet l´agafara. Amb molta cura, el noi va netejar amb paciència el fang que s´havia quedat enganxat a la closca del caragol.

Un cop va quedar net i el xiquet va acabar la seua tasca, es va endur a Tilo al jardí de la seua casa, que es trobava a altre poble llunyà . El jardí era molt més gran i ple de noves olors, flors, plantes, espais...

A mesura que passaven les setmanes, Tilo es va acostumar a la seua nova forma de vida, però mai oblidaria el petit poble que l´havia acollit durant tant de temps, per que ell sempre guardaria al seu cor el poble de Paiporta.

# Els herois del riu
Vera Ortolà Català

Hi havia una vegada un poble xicotet i alegre anomenat Blau. Es trobava rodejat de muntanyes verdes i un riu gegant amb el mateix nom. Els seus habitants vivien en una pau i tranquil·litat absoluta, i els xiquets eren molt feliços jugant a l'escola, que es trobava a la vora del riu. Tot era perfecte, fins que un dia els núvols grisos cobriren el cel i la pluja va començar a caure sense descans.

Manel, un xiquet de huit anys, vivia en una casa prop del riu amb la seua mare. Per a ell, la pluja al principi era divertida. Li fascinava sentir el soroll des de la seua habitació. Però prompte, aquella alegria es va convertir en por.

Una nit, mentre la tempesta bramava amb força, el riu es va desbordar. L'aigua va envair ràpidament la seua casa, i Manel i sa mare varen tindre que eixir corrent amb una motxilla carregada d'allò més essencial, el seu gos Nanuc. A l'altra punta del poble, Vera, una jove que s'acabava d'independitzar, també va haver d'abandonar sa casa. Mirava amb llàgrimes als ulls com l'aigua s'enduia els mobles que tant d'esforç li havia costat comprar. La família de Lluna, una xiqueta de deu anys que li encantava anar a l'escola, també es va veure afectada. Al veure que l'aigua arribava a les finestres de sa casa, pujaren al pis de dalt i esperaren que els veïns arribaren a rescatar-los amb una barca improvisada.

Els dies següents van ser durs. Les famílies es varen refugiar al poliesportiu del poble, l'únic lloc que no havia estat afectat per l'aigua. Manel estava espantat. Trobava a faltar el seu llit i els seus joguets. Vera, encara que intentava mantenir-se forta, no podia deixar de pensar en tot el que havia perdut. I Lluna estava molt trista perquè l'escola, el seu lloc preferit al món, estava cobert de fang.

Però enmig de la tristesa, alguna cosa va començar a canviar...

Acudiren milions de voluntaris equipats amb botes d'aigua, pales i menjar per a tots. Manel, encara que també necessitava d'aquells recursos, es va encarregar de repartir el material entre les persones més majors que no es podien moure, cosa que el va fer sentir satisfet i menys trist. Vera, que al principi se sentia sola i derrotada, va començar a cuidar els xiquets més menuts mentre els seus pares i les persones que s'oferiren voluntàries, netejaven i reconstruïen les cases. Va descobrir que les seues històries i cançons feien riure als xiquets, i això li va tornar l'alegria. Lluna, que trobava tant a faltar l'escola, va tindre una idea. Amb l'ajuda d'altres xiquets va organitzar un punt de recollida de llibres i altres materials que mantenien viva l'esperança de tornar.

Quan la pluja finalment va parar i l'aigua va anar desapareguent, els habitants de Blau, els pobles del costat i la resta de pobles d'Espanya varen treballar junts per a netejar els carrers i rescatar tot allò que pogueren. L'escola va ser reinagurada i els veïns es reuniren per a celebrar-ho. Pintaren un mural on cadascun veia la seua pròpia història reflectida: la por, la tristesa, però també l'esperança i la força que havien trobat junts.

Des d'aleshores, el poble Blau mai tornarà a ser el mateix. Els llaços que s'havien format durant la inundació varen transformar la societat en una gran família. Varen aprendre que, encara que la tempesta pot destruir moltes coses, mai podrà trencar la solidaritat i amor que uneix un poble.

I així, Blau es va convertir en un lloc on, fins i tot després de les pitjors tempestes, brillava el Sol de la forma més extraordinària.

# Un abrazo entre escombros
Paula Espert Hervás

El día empezó como cualquier otro. Era una mañana soleada en Valencia. Los rayos de sol se colaban por la ventana de la habitación de Marta cuando su madre entró a despertarla ilusionada porque sabía que ese día se iba de excursión con sus compañeros de clase. Marta se levantó de un salto y, mientras desayunaba, le contaba a su hermana lo bien que se lo iba a pasar con todos sus amigos y las actividades que harían.

Cuando llegó a la escuela, se encontró con sus compañeros, que estaban tan ansiosos como ella. Sin embargo, de camino al autobús, Marta se dio cuenta de que el color del cielo cambiaba poco a poco. Grandes nubarrones negros oscurecían el día que parecía tan soleado hacía apenas unas horas. Todos actuaban con normalidad y el día era muy rutinario: adultos yendo a trabajar a sus puestos de trabajo, ancianos paseando por las calles, gente que había salido a hacer la compra, a pasear a sus perros, a hacer recados...En fin, todos salían de sus casas como de costumbre, sin saber que el día soleado y feliz con el que habían amanecido iba a cambiar por completo y convertirse en un infierno para muchos.

Marta y sus compañeros se despidieron de sus padres a través de las ventanas del autobús. Pasaron todo el día en la montaña, haciendo actividades de multiaventura como rocódromo, tiro con arco e incluso lanzarse por una tirolina. Le encantaron todas las actividades y el lugar, especialmente por la vegetación y las flores que lo adornaban. Cuando veía flores siempre se acordaba de su abuelo, ya que cuando salía con él solían recoger algunas, y ella, cuando se encontraba alguna bonita, se la llevaba a su abuelo, que las ponía todas juntas en un jarrón que ella misma había decorado. Entonces, Marta cogió un par de flores del lugar donde habían ido de excursión y esa misma tarde iría a dárselas a su abuelo.

Tenían previsto quedarse a comer en la montaña, sin embargo, la profesora les dijo que se subieran al autobús, que debían regresar cuanto antes a sus casas. Al parecer, el tiempo iba a empeorar mucho.

Cuando Marta llegó a su casa, su madre extrañamente ya había llegado de trabajar y se mantenía constantemente pegada al móvil y a la tele, atenta a las noticias sobre lo que estaba pasando a escasos kilómetros de su pueblo. Marta no entendía lo que estaba ocurriendo hasta que su madre le contó que estaba intentando comunicarse con su abuelo porque en el pueblo en el que vivía había riesgo de que se desbordaran los barrancos debido a la gran tormenta que se había formado sobre los pueblos de interior. Sin embargo, no pudo contactar con él porque fallaban los teléfonos y estaba muy preocupada.

Tras una larga noche a la espera de noticias, a pesar de que el día había amanecido tranquilo en el pueblo de Marta, no muy lejos de ellos, donde vivía su abuelo, el temporal había arrasado con todo. Tan pronto como pudieron trasladarse, Marta y sus padres fueron al pueblo de su abuelo. A pesar de que los padres de Marta no querían que su hija fuese con ellos porque no sabían la situación con la que se iban a encontrar, ella estaba empeñada en ir para ayudar en todo lo posible y darle las flores que había recogido a su abuelo.

Cuando llegaron, Marta no podía creerse todo lo que estaba viendo. Las calles parecían charcas, sucias y llenas de barro, coches destruidos y apilados... La solidaridad llenaba las calles. Gente de todos los lugares trabajaba sin parar de manera voluntaria para tratar de quitar el barro, tanto en la calle como en las casas afectadas.

A Marta se le iluminó la cara cuando por fin vio a su abuelo, que estaba delante de su casa limpiando. Fue corriendo hacia él para darle un abrazo, pero cuando entró en su casa para dejar las flores nuevas en el jarrón junto con las otras, se quedó paralizada al ver que la casa de su abuelo había quedado destrozada. Ya no quedaba nada, tan solo los recuerdos vividos en ese hogar.

Los vecinos del pueblo lo habían perdido todo y luchaban unidos por volver a construir su hogar. A pesar de todo lo sucedido, no perdían la sonrisa y eran muy agradecidos con todos por su ayuda. A Marta se le pusieron los ojos llorosos y decidió quedarse a ayudar a su abuelo esperanzada de que algún día recuperarían la normalidad que la DANA les había arrebatado.

# València en peu
Blanca Rebollo Pérez

Aquell matí els núvols havien amagat el sol, no volien deixar-ho passar. De prompte aplegava la Dana, una massa d'aire molt molt freda que va començar a pujar cap amunt i a ser desplaçada per l'aire.

Arribada la vesprada d'aquell dia fosc, les persones es trobaven als carrers dels pobles de València. Alguns anaven a fer la compra, altres anaven en cotxe y alguns afortunats es trobaven en llocs alts.

La pluja ja feia tremolar, però aleshores l'aigua desbordada als caudals dels rius va arribar als pobles sense cridar a la porta.

En qüestió de minuts, els carrers es convertien en autèntiques piscines d'aigua. La gent a València ja no conduïa, ja ningú feia la compra, passejava o jugava.

La vida de tots es va parar per donar pas a un únic pensament: que tot allò era un malson; i un sol desig: que tot passés molt ràpid.

El matí següent, Valencia s'alçava encara més fosca. L'aigua havia donat pas al fang, i la normalitat del matí anterior, havia donat pas a una sensació d'angoixa present a les expressions de tots els veïns i veïnes.

Malgrat això, un raig de solidaritat es deixava entreveure entre tota la població, que acudia amb graneres, amb menjar, i sobretot amb empatia.

IL·LUSTRACIÓ 10. AGRAÏMENT DE SEDAVÍ PER L'AJUDA DELS VOLUNTARIS ALS POBLES AFECTATS.

# El dia que el cel va plorar

Aitana García Moya

Hi havia una vegada, una ciutat molt bonica plena de jardins i parcs en els quals la gent gaudia diàriament i els agradava passar una bona estona. Però un dia, la ciutat es va alçar trista, el cel estava molt fosc i els núvols eren gegants i estaven plens d'aigua.

Durant tot el dia, les persones que vivien en aquella meravellosa ciutat observaven el cel esperant que ploguera i poder quedar-se en casa amb les seues famílies. Però de sobte, començà a ploure com si el cel estiguera plorant molt, com si estiguera molt trist. Va ploure tant i tan intensament que els rius que envoltaven la ciutat i els jardins que tanta naturalesa contenien no van poder aguantar tota aquella aigua i finalment es van desbordar.

A poc a poc els carrers que tanta alegria contenien dia a dia, es començaren a omplir d'aigua. Van suportar tanta aigua que es va produir ones gegants d'uns 2 metres que desplaçaren de lloc tot allò que trobaren pel camí.

L'endemà, quan les persones d'aquella ciutat es van alçar al matí i eixiren al carrer, decidiren tots junts buscar aquells objectes que les ones es van endur. I lentament recuperaren tot allò que s'havia perdut.

Resulta que el cel estava jugant amb joguets a la dutxa i es va colpejar, fent- se mal pel que es posà a plorar. Fet que en el món real, la ciutat, va causar aquella malaurada riuada. Per això, els ciutadans han pres mesures perquè quan torne a plorar no s'inunde tot.

Ara quan veien que el cel està trist i fosc, estan tot el dia pendents de com avança la tempesta. També decideixen quedar-se a casa amb la seua família on tots estan resguardats a plantes altes. Sols ixen de casa en cas d'emergència o si han d'anar urgentment a un lloc.

IL·LUSTRACIÓ 11. XIQUET QUE PLORA INTENSAMENT. DISEÑADO POR CATALYSTSTUFF EN FREEPIK.

# Flores
## Futura maestra de Educación Primaria

### Capítulo 1. Olaya

En un lejano lugar hace más de 20 años, nació Olaya, una chica muy divertida, feliz y creativa. Vivía con sus padres y su perrita Mai en una casita pequeña en un pueblo de Valencia. Ella siempre decía que este pueblo estaba muy alejado de la ciudad y que así nunca podría conocer gente nueva ni disfrutar de su gran pasión, el arte.

Olaya siempre deseo vivir en la ciudad, hasta que un día, cuando tenía 12 años, sus padres se compraron una planta baja para trabajar. A Olaya le pusieron una mesita y una silla para que pudiera dibujar y pintar, aunque Olaya decidió cortar, pintar y jugar con algunas de sus prendas de ropa. Este fue el momento en el que se empezó a sentir más cerca del arte.

### Capítulo 2. La pequeña planta baja

Olaya pasaba casi todas sus tardes pintando, dibujando y cortando todas sus prendas de ropa, lo que más le gustaba dibujar eran flores y cuando se quedaba sin telas en las que dibujar, no dudaba en pedírselo a su familia o amigos.

Así pasaron los años para ella hasta que un día decidió que ella también podía hacer su propia ropa, así que Olaya llamo a su abuela y le pedio una bobina de hilo y unas agujas.

En la planta baja empezó a hacer ropa con lana y se la regalaba a su familia y amigos, pero siempre estaban presentes las flores.

Olaya cumplió 25 años y quería cambiar su forma de hacer arte, así que un día mientras paseaba por su pueblo vio anunciado un taller para crear joyas en Barcelona, Olaya se puso muy feliz y recaudo dinero para poder ir a hacerlo. Ella consiguió ir, y en ese momento se enamoró de otra manera de hacer arte.

### Capítulo 3. Las joyas

Cuando acabo el taller, Olaya ahorro mucho dinero para conseguir los materiales necesarios para hacer sus joyas de vidrio, se compró un horno, muchos moldes, y empezó a crear en la pequeña mesa en la planta baja de sus padres, tampoco dejó de hacer joyas con forma de flores. Olaya empezó a vender sus joyas en pequeños mercados y por internet, descubrió su pasión y no había nadie que la parara.

### Capítulo 4. El agua.

Un día de octubre llovió mucho y los pequeños pueblos de Valencia se inundaron y nadie pudo pararlo. Las casas, las tiendas y los coches se llenaron de agua, la gente de los pueblos no entendía que estaba pasando. Muchas personas perdieron sus cosas más preciadas, pero nunca perdieron la esperanza de poder recuperarlas ya que toda la gente de Valencia y muchas otras ciudades, pusieron todo su esfuerzo en que todo el mundo pudiera recuperar su vida y así fue, la gente del pueblo pudo volver a la normalidad poco a poco gracias a la ayuda de todas las personas que fueron a ayudar.

*Capítulo 5. Olaya y el agua*

Olaya jamás pensó en que tendría que pasar un solo día sin estar haciendo arte en su planta baja, hasta el día que su pueblo se inundó. Olaya volvió a desear como cuando era pequeña vivir en la ciudad de Valencia, ya que allí no llego el agua y la gente pudo seguir con sus vidas y creando arte. Su planta baja se llenó de agua y perdió muchas de sus joyas, moldes y herramientas, pero un día mientras limpiaba el agua de la planta baja encontró una de sus joyas, era un anillo en forma de flor. En ese momento Olaya sintió tranquilidad y esperanza, ya que, si la joya que más quería consiguió resistir y volver a brillar, ella y todo el pueblo también podrían volver a hacerlo.

Y así hizo Olaya, como las flores volvió a crecer y a iluminarnos con sus bonitos colores.

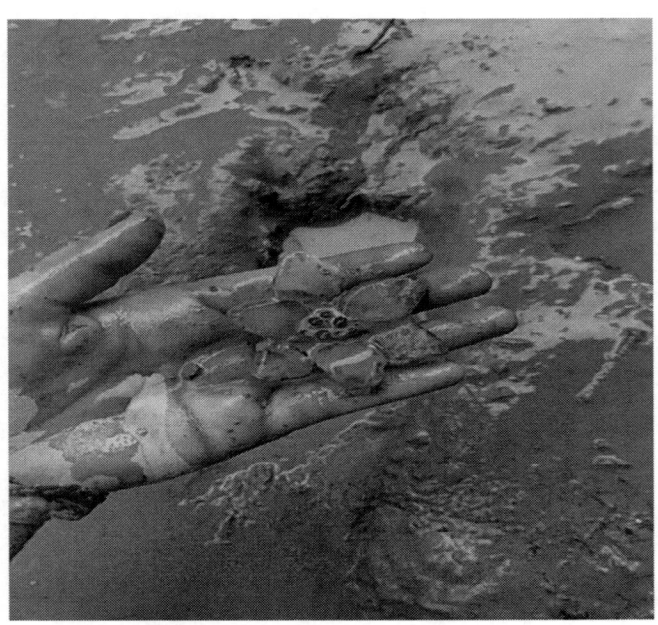

ILUSTRACIÓN 12. LAS JOYAS DE OLAYA.

# ELPO y BLE salvan Valencia
Santi Gimeno Campillo

Érase una vez un reino muy muy lejano, llamado Valencia, donde todos sus habitantes eran muy felices y disfrutaban del sol radiante que les visitaba todos los días. Sus habitantes siempre jugaban y se divertían en el castillo de las Artes y las Ciencias, ya que era el lugar de reunión diaria de todos los súbditos.

Karlitos y Pedrito eran dos amigos que, aunque vivían en zonas muy alejadas de Valencia, siempre quedaban allí todos los días para entretenerse. Ese día, como cualquier otro, se dirigieron al Castillo en sus caballos, los dejaron en los establos del castillo comiendo algarrobas y se fueron a jugar. Cuando ya llevaban varias horas jugando se dieron cuenta de que algo enorme surcaba el cielo e iba tapando el sol, llegando a oscurecerlo.

Pararon de jugar y se pusieron a intentar saber que era. De pronto, sin previo aviso, apareció el temido gran dragón Danar, que hizo que el sol se asustara y se escondiera, ya que Danar no venía solo, sino que venía acompañado de sus secuaces, un regimiento de grandes nubes negras.

Los dos amigos creyeron que les iba a atacar con fuego, pero este dragón era muy especial ya que al abrir su gran boca por esta no salía fuego, sino que salía un gran torrente de agua. Este torrente de agua era tan fuerte que inundaba a su paso cualquier estancia del castillo. Karlitos y Pedrito asustados se acordaron de que sus caballos estaban en el establo, y aunque estaba todo inundado, ellos decidieron ir a salvarlos, por lo que rápidamente se lanzaron al agua y nadaron con todas sus fuerzas hacia los establos. Por el camino fueron encontrando trozos del castillo que habían sido arrancados por la furia del dragón y más habitantes de Valencia, que al igual que ellos, estaban nadando intentado salvar sus vidas. Ambos amigos, aunque nadaban con todas sus fuerzas no conseguían llegar a los establos por lo que empezaron a discutir las distintas formas de cómo salvar a sus caballos. Había mucha gente que les sugirió distintos caminos, pero Karlitos y Pedrito seguían sin ponerse de acuerdo.

Mientras que los amigos discutían, llegó el escuadrón de caballeros de la UME, que estaba dirigido por dos grandes magos, uno se llamaba ELPO y el otro se llamaba BLE. Estos hicieron que todos los súbditos se unieran a ellos y formando una cadena humana consiguieron llegar al establo y salvar a los caballos.

Pedrito y Karlitos cuando vieron sanos y salvos a sus caballos pararon de discutir y se dieron cuenta que la unión hace la fuerza y que con ella se consigue cualquier cosa. Desde ese día ya no volvieron a discutir, sino que unieron sus fuerzas al escuadrón de ELPO y BLE, consiguiendo finalmente vencer al dragón.

ILUSTRACIÓN 13. TODOS UNIDOS LUCHANDO CONTRA DANAR (IMAGEN CREADA CON CANVA).

# La tempesta que va unir a València

Paula Bayarri Valero

El 29 d'Octubre de 2024, la pluja va arribar als pobles de València amb una força que ningú s'imaginava. Les primeres gotes van caure tímidament, com un avís. Però de sobte, el silenci es va trencar amb un soroll d'un vent que s'alçava com un huracà. La tempesta estava en camí i amb ella la pluja més ferotge que la terreta havia vist en dècades.

Durant hores, el cel va descarregar sense descans, com si l'aigua no tinguera fi. Els rius es van desbordar, els carrers es van convertir en canals, i les palmeres que havien resistit tantes tempestes, es van donar per vençudes davant la força de la natura. Era com si la terreta valenciana, tan orgullosa del seu sol i de la seua alegria, s'haguera enfadat amb el món.

Quan la pluja finalment va parar, el paisatge era desolador. Camps de tarongers inundats, carrers plens de fang i els vehicles suraven com barquetes. Hi havia qui havia perdut quasi tot el que tenia, però enmig d'aquella destrucció, alguna cosa poderosa va començar a moure's. La solidaritat.

Els veïns que abans només es saludaven amb un gest ràpid, van començar a ajudar-se com si foren una família. Homes amb tractors es van passar dies retirant fang dels camins perquè la gent poguera arribar a les seues cases. Grups de joves van organitzar recollides d'aliments i roba per aquells que havien quedat aïllats. I gent major, amb paciència i amor cuinaren durant hores per assegurar-se que ningú es quedara sense un plat calent.

Als pobles més afectats, els bombers, les brigades de neteja i els voluntaris van treballar sense parar. Es veia gent amb pales retirant fang, altres reconstruint murs que s'havien caigut, i fins i tot, els més menuts ajudaven a recollir branques i joguets perduts. Ningú es quedava de braços plegats perquè tots sabien que junts podien superar aquell desafiament.

La nostra terreta, acostumada a suportar el sol implacable i pluges de tant en tant, demostrava una vegada més que també estava habitada per gent forta i resilient. Cada veí amb el seu esforç, es va convertir en un heroi. Al final, no importava si eren joves o majors, si vivien en una casa gran o en una xicoteta, tots estaven units per un mateix objectiu. Tornar a alçar els pobles.

IL·LUSTRACIÓ 14. LA TEMPESTA QUE VA UNIR A VALÈNCIA.

Quan el fang es va assecar i els primers arbres es van tornar a alçar, va quedar clar que aquella tempesta no només havia deixat destrosses. També havia sembrat una lliçó que ningú oblidaria. En els moments més difícils, la unió d'un poble unit és imparable.

Amb el Nadal a la vora, les festes no serien com abans. Moltes cases seguien danyades i algunes famílies no podrien reunir-se com de costum. Hi havia cadires buides al voltant de les taules, però també una força renovada entre aquells que hi eren. Entre somriures i llàgrimes, es va entendre que el millor regal no es trobava embolicat amb llaços de colors. Era la solidaritat, el cuidar-se els uns als altres i l'esperança de reconstruir tot allò que la tempesta havia intentat emportar-se.

Aquell octubre de 2024 no només seria recordat com el dia en què l'aigua va inundar els pobles de València. També seria recordat com el dia en què la gent va demostrar que la força d'un poble unit pot superar qualsevol tempesta.

# El dimoni ataca el parc

Elena Latre Sanmartin

Hi havia una vegada un xiquet anomenat Pau i un elefant, gran i curiós, anomenat Caramel, que es volien molt, eren millors amics i vivien a València.

Com totes les vesprades, Carmel havia anat a jugar al parc que hi havia baix de la casa de Pau, quan de sobte, el vent va començar a xiular d'una manera violenta i estranya, com si el dimoni anara a vindre en les pròximes hores.

En eixe moment, els pares van decidir que era moment d'anar a casa per si plovia, pel que van recollir i se'n van anar. Pau va pujar a casa i Carmel va anar caminant cap a la seua, quan de sobte va començar a haver aigua al carrer.

No hi havia equivocació, en l'aigua es reflexava el dimoni i la maldat amb la qual venia. En un moment, quan Carmel ja havia arribat a casa, tota la ciutat es va tornar oscura, no hi havia llum. Pau, preocupat va intentar telefonar Carmel, però com no va poder contactar i estava preocupat, va decidir anar a dormir i estar tranquil.

Aleshores, poc desprès va sonar el telèfon, ¿sabeu qui era?, era Carmel! Ja tranquil, el Pau va comentar amb ell actes heroics que el pare de Carmel i altres elefants, treballant en equip, van fer per salvar persones del dimoni.

Al dia següent va despertar i va veure que no havia sigut un somni, tot era diferent: no hi havia cotxes, no hi havia portes, i el més trist, no estava el parc on li agradava jugar.

Els dies vinents van ser dies on es van quedar sorpresos. Persones molt treballadores i elefants, molt treballadors també com són sempre, van vindre de tota Espanya i de tot el món a ajudar a recuperar València i la seua gent.

Tots, donava igual de la seua condició, agafaren mascaretes, guants i botes i anaren a ajudar, amb l'objectiu, entre d'altres coses, que Pau puga menjar, anar a l'escola i jugar al parc amb el seu amic Carmel.

# Érase una vez DANA

Pedro Cosín Martínez

Érase una vez una familia de vientos que dan vueltas alrededor del mundo cuando, por casualidad, la hija pequeña de la familia se despista y queda aislada del resto de sus seres queridos.

Resulta que esta nube tan pequeñita que ha perdido a su familia se llama Dana, y se perdió mientras daba una vuelta con sus padres.

Ella estaba en la Península Ibérica, donde nosotros vivimos.

Como Dana se había quedado sin familia porque ellos van muy rápidos y ella es pequeñita y no puede seguirles, se puso muy muy muy triste, entonces empezó a llorar y llorar, haciendo que sus lágrimas cayeran rápidamente sobre muchas ciudades de la Comunidad Valenciana y algunas de Castilla la Mancha.

Aunque no fuese la intención de Dana, sus lágrimas hicieron muchos daños por los sitios por donde pasaron y han dejado a muchas personas sin casa.

Ahora nos toca a nosotros volver a dejar todo como estaba y arreglar las calles, aunque hay personas que ya no están con nosotros porque han subido a hacer compañía a Dana para que no esté sola y deje de llorar así que tenemos que dar gracias a las personas que están con ella.

# La nueva vida de Romeo

Carla Palacios

### Capítulo 1. El deseo de Romeo

Romeo era un pequeño perrito que nació en la calle hace 5 años. Él se siente muy afortunado porque no sigue viviendo en la calle, sino que de bebé se lo encontraron y lo llevaron a una protectora en la que podía tener muchas oportunidades de tener una familia. Le encantaba salir a pasear en el verde campo que compartía con sus amigos perros de la protectora, y siempre que se encontraba un diente de león pedía un deseo: tener una familia que le quiera mucho y cuide de él.

### Capítulo 2. Los amigos de Romeo

Como sabéis, Romeo no vivía solo, sino que compartía hogar con muchos perritos que tenían la misma condición que él: no tenían familia. Él disfrutaba mucho jugando y paseando con ellos, pero en el fondo todos ellos añoraban una casa con la que pasar la vida en familia.

Un día, Romeo y Luna (su mejor amiga entre todos los perros) salieron a dar un paseo, pero el día estaba feo y eso les puso tristes. Había muchas nubes en el cielo, y como Luna decía, "parecía que el cielo tenía ganas de llorar y llorar".

### Capítulo 3. El cielo está triste

Luna y Romeo volvieron hacia dentro de la protectora, en la que el resto de sus amigos ya estaban refugiados, porque el cielo parecía cada vez más triste y eso les hacía estar asustados.

Aunque los perros estaban juntos, todos tenían miedo de las tormentas por su fuerte ruido y se sentían como si estuvieran solos ante el peligro. Lo que no esperaban es que de verdad iban a estar así en unas horas, y toda su vida iba a cambiar de manera radical.

### Capítulo 4. El gran cambio

La calma reinaba en la protectora hasta que, de repente, vieron agua entrar por debajo de la puerta. Al principio pareció divertido, como si se tratase de una piscina enorme para todos, pero después las paredes empezaron a debilitarse, y se oían gritos por las lejanas calles.

Romeo sabía que algo iba mal, pero ¿qué podía hacer? No podía escapar, ni ayudar a sus amigos, él apenas sabía nadar por instinto y nunca había intentado hacerlo.

### Capítulo 5. Romeo y su viaje

Un torrente de agua desbordó la protectora y de repente ya no había nada. Todo alrededor era agua y barro, el campo en el que jugaban siempre tenía un aspecto desolador, no parecía el mismo.

Romeo había perdido de vista a sus amigos, y estaba él solo frente al desastre que había invadido sus vidas en cuestión de minutos. No le quedó otra que comenzar a nadar como podía, y haciendo el mayor de sus esfuerzos consiguió hacer unos pocos kilómetros y llegar al pueblo más cercano. Pero para su sorpresa, el escenario era el mismo que donde venía, y cuando menos lo esperaba, vio un poco de esperanza.

## Capítulo 6. El principio de algo nuevo

De repente, Romeo notó cómo empezó a separarse del inmenso mar que se había formado y por fin sus patas descansaban. Una chica de mediana edad le había rescatado, iba en una pequeña canoa con el que parecía ser su hijo, o tal vez su sobrino. En Romeo no cabía más felicidad, por fin podía dejar de nadar y ya se sentía seguro.

La mujer, tras un largo trayecto, consiguió llegar hasta su casa y pronto, Romeo descubriría que también sería su casa.

## Capítulo 7. El nuevo hogar

Pasaron los días, y Romeo estaba muy feliz con su nueva familia. Fuera, el desastre continuaba: calles destrozadas, coches rotos, tiendas inundadas, personas perdidas, vidas arruinadas.... La situación era aterradora, pero pasados los días y con la solidaridad de los ciudadanos todo iba mejorando a pasos pequeños.

La historia tuvo un final feliz para Romeo, había conseguido la familia y el hogar que tanto había deseado siempre, pero, y todos sus compañeros, ¿habrán tenido la misma suerte que Romeo?

# Martina y el muro

Aitana Osma

Tot va començar un 29 d'Octubre de 2024, un dimarts ennuvolat, a la ciutat de València, una ciutat bonica, alegre, solejada de costum, brillant i festera, poblada per gent molt unida .

Martina, la protagonista d'este conte vivia en un poble d'esta ciutat, en concret Catarroja, on feia la seua feliç vida en una xicoteta caseta baixa, envoltada dels seus sers estimats i el seu gosset Phineas. Aquell dia Martina va començar el matí sense institut perquè un gran núvol prometia descarregar aigua, malgrat això, va estar tot el matí llegint el llibre que la seua professora d'història li havia manat, sense saber el que estava per vindre.

La seua mare romania a casa amb ella, les dos cuinaven xocolate amb xurros per a quan el seu pare tornara de treballar, aparentment no ocorria res fora del normal i ella estava feliç per haver-se quedat a casa i haver-se pogut alçar una miqueta més tard que de costum. Les hores passaven i Martina, avorrida d'estar tot el dia a casa, decidix eixir a passejar al seu gos, a pesar que la seua mare li advertira de les fortes pluges, però la mare no li va prohibir anar-se al no veure cap indici de que anara a ploure molt. Així doncs, la feliç xica anà directament a la seua habitació per a posar-se còmoda, agafar la seua bossa favorita, les claus i posar-li a Phineas la seua corretja. Ix de casa i es troba amb un dels seus millors amics, els dos parlen de l'examen de la setmana que ve, però de sobte una onada de gent excitada, corren en massa per a una i altra direcció . Sorpresos per aquella pasterada de persones continuen la seua marxa, Martina crida en veure una llengua d'aigua que entra a totes dues adreces del carrer, els dos amics es veuen tancats .

Comencen a caure llàgrimes dels seus ulls, mentres es lamenta per no obeir a la seua mare, quan esta li deia que no isquera. Espantada, perd de vista al seu amic amb el pas de la gent, això provoca major aclaparament, estira fort al seu gos però ho perd també després d'amagar-se aquest en un portal entreobert. Cada vegada més angoixada, la protagonista plora i es bloqueja, l'aigua ja li ve més enllà de la cintura, comença a veure el primer cotxe surant quan de sobte el seu mòbil pita amb força per diversos segons . Paralitzada per la por, no és capaç de fer cap moviment però de sobte un xic l'agarra amb força del braç per a pujar-la a l'alt d'un mur, casualment este xic era un company de classe amb el qual no s'emportava molt bé . Passen hores pujats al mateix mur, però no sols ells sinó moltíssima gent del poble que intentava sobreviure a aquell malson . Abraçats aguanten el fred, mentres observen el pas del temporal, que arrasa eixe institut que guarda records, eixe parc que calla secrets o eixa residència que cuida vides. Després d'angoixants hores en aquell mur, que més tard serà batejat amb el nom de ''salvador'', per fi són rescatats amb vida, però ja no queda poble, no hi ha vivendes, comerços, bars, alegria, somriures...

Martina només pot pensar en la seua família, i no deixa de fer-ho fins que els veu, afortunadament, amb vida. La seua casa va quedar destruïda, l'aigua va sobrepassar el metre i mig i a penes podia accedir a la seua vivenda, a causa de la pila de vehicles que la col·lapsava . Però, és a partir d'aquest 29 d'Octubre, quan Martina comença a valorar molt més a la seua família, abraça molt mes a eixa gent que sense ser família ajuda dia rere dia a recuperar la seua normalitat, deixa de pensar en el material i li dona valor a la paraula amor.

# Per què Maria no va al col.le?

Alba Camarena Garcia

Maria es troba asseguda al terra del seu menjador. Fa dos setmanes, ja que no va a l'escola, que no veu als seus amics, i juga amb els seus joguets. A casa seua no queda res, l'aigua s'ho ha endut tot. S'ha endut tots els seus joguets, els seus contes, ha fet malbé la seua roba, ha embrutat de fang tot arreu...

De vegades Maria recorda el dia en el qual tot va començar, com entrava l'aigua cap a dins de sa casa, per la planta baixa, i com s'arrossegaven els cotxes, carrer cap a baix. També recorda com estava de trista la seua àvia perquè Lluna la seua gosseta feia dies que no hi era a casa.

La mare li va explicar, que la Lluna hi era al pati de casa l'àvia quan l'aigua la va pillar desprevinguda i se la va endur molt lluny. Maria va comprendre que l'àvia estava trista perquè Lluna ja no anava a poder tornar mai més a casa i ella també es va posar molt trista quan es va adonar que ja mai més podria veure.

Maria troba molt a faltar als seus companys i a la seua professora, té moltes ganes de tornar a veure'ls i ensenyar-los les botes d'aigua tan boniques que porta des que no va a classe. També té ganes de mostrar-los el seu joguet nou, que el seu nou amic Víctor li va dur quan va anar a ajudar a sa casa. Els seus pares i ella no sabien doncs qui era Víctor, i Víctor tampoc els coneixia a ells, però va ajudar a netejar casa Maria com si fora la seu apropia.

Com Víctor són molts els voluntaris que han estat ajudant a netejar els carrers que es troben plens de muntonades de fan i deixalles. Ells, posen tot el seu esforç per moure tota la brutícia perquè Maria i les seues veïnes puguen sortir a jugar al carrer com més aviat millor

També posen el seu esforç en l'escola que ha estat greument afectada. Buiden les aules que han quedat destruïdes després de l'arribada de la pluja. El pati, l'aula, la biblioteca, el menjador, el gimnàs, tot ha de romandre a l'espera de tornar a omplir-se d'alegria amb les abraçades i rialles dels xiquets.

Tot i que encara queda molta feina per fer, Maria espera ansiosa perquè arribe el dia de tornar a classe per poder fer una abraçada a cada un dels seus companys.

IL·LUSTRACIÓ 15. ESCOLETA MUNICIPAL D'ALGEMESI.

Per què Maria no va al cole?
*Conte per a projectar*
https://ir.uv.es/I9rFlwE

# Una experiència distant però propera: : la meua experiència en primera persona

Maria Llorca Capellino

Una vesprada de dilluns, que semblava ser com les de sempre, començaren a arribar missatges que avisaven que la Universitat de València suspendria les classes per al dimarts 29. Ningú sabia el per què d'aquesta situació ja que havíem passat un matí com sempre a la universitat. Al principi tot eren preguntes i dubtes fins que dimarts a la vesprada una onada de vídeos començava a emplenar les xarxes socials, eren vídeos on veiem carrers plens d'aigua, cases inundades, cotxes espentats per la força de l'aigua.

Una forta pluja, anomenada DANA, havia emplenat rius i barrancs fins que la quantitat d'aigua era tan gran que se'n va eixir del seu cabdal. En aquell moment la por estava entre nosaltres ja que familiars i amics es trobaven en alguns dels pobles que s'esmentaven als vídeos.

Hores després una alarma molt escandalosa sonava en tots els mòbils però els pobles ja estaven inundats i ningú podia anar a ajudar-los.

Jo, com tanta gent més, estava molt sorpresa ja que a València capital no havia passat res, de fet havia sigut un dia pràcticament sense pluja i aquesta notícia ens deixava molt tristos.

Dies després la gent començava a anar als pobles que havien sigut afectats per aquesta pluja per poder ajudar-los a netejar els carrers del seu poble i les seues cases ja que es trobaven plenes de fang degut a l'arrossegament de canyes i brutícia que portava l'aigua dels rius i barrancs.

Jo em trobava a casa amb molta febra i la impotència que sentia em feia estar trista, ja que jo volia ser també una de les voluntàries que acudira a ajudar a la gent que ho necessitava, però després de moltes xerrades amb els meus pares m'aconsellaren que el millor era quedar-me a casa i vaig tornar al meu poble, Oliva, ja que jo estava a València capital perquè estudie a la universitat.

IL·LUSTRACIÓ 16. FOTOGRAFIES DEL 31 D'OCTUBRE DE 2024.

El dia que vaig poder tornar a casa les carreteres encara es trobaven amb fang, es podien veure els cotxes bruts, amuntegats, la gent plena de fang agranant i netejant tot allò que podia, aquelles imatges se m'han quedat gravades al cor i cada vegada que les recorde senc la tristesa que vaig sentir aquell dia quan ho vaig veure.

IL·LUSTRACIÓ **17**. EL CENTRE POLIVALENT D'OLIVA.

Una vegada vaig arribar a Oliva continuava sentint-me estranya, trista, no sabia ben bé les emocions que estava sentint en aquell moment, i la conversa amb ma mare era que jo volia estar allí ajudant i no a casa malalta, i com jo no puc estar quieta la meua amiga Paula i jo sols buscàvem llocs on anar a ajudar, i amb l'ajuda de ma mare, ens enteràrem que l'ajuntament del poble havia organitzat una recollida de tot allò necessari que després es portaria als llocs afectats. Li vaig parlar a Paula i les dos, junt a ma mare, no dubtàrem en acudir a posar el nostre granet d'arena.

Encara que no estàvem llevant fang vàrem estar matí i vesprada organitzant tot el que arribava al punt de recollida amb tota la gent del poble que també va posar allò que tenia, el seu temps i les seues ganes.

En aquell moment vaig entendre aquesta frase que diu:

«El poble salva al poble», ja que tots estàvem allí ajudant, pensant en la gent afectada i tot el que necessitaven.

Aquesta catàstrofe ha fet recordar un dels majors esdeveniments patits a Oliva. A l'any 1987, el meu poble va patir la major inundació que es recorda a la comarca de la Safor, es varen produir pluges torrencials amb 817 litres per metre quadrat en 24 hores, el valor més alt que es troba registrat a Espanya en aquestes hores. La meua família ho va viure en primera persona ja que vivien en un dels barris que es va veure afectat, varen veure com l'aigua entrava a casa, superant les barreres metàl·liques o de fusta que hi havia a les portes, a causa del desbordament dels rius Gallinera i Alfadalí, altres familiars també es varen veure afectats per aquestes pluges però altres no, ja que vivien en zones més altes del poble i l'aigua no hi va arribar.

És per això que a casa es respirava un ambient de preocupació quan veiem les notícies i els pobles afectats per la DANA d'aquest any 2024.

La DANA s'ha emportat al seu pas col·legis, cases, negocis, records, vides i no es pot quedar en l'oblit, és per això que sempre ens hem d'ajudar uns als altres aportant tot allò que puguem, ja que com bé portem escoltant tots aquests dies «El poble salva al poble».

# Experiencias

# Aquel fatídico 29 de octubre

Ángela Beleña Tárraga

¿Cómo habrán intentado sobrevivir todas esas personas que se encontraban en algún lugar que ha sido inundado? Esa fue la pregunta que rondó mi mente aquella noche antes de que consiguiera dormirme tras ver las primeras imágenes de la DANA en Valencia.

Al día siguiente, cuando desperté, comencé a ver por la tele y las redes sociales la cruda realidad que esta había dejado a su paso por nuestra bonita tierra, la nostra terreta, ese lugar de luz, fuego y flores, que ahora en gran parte se había convertido en agua, lodo y destrucción. Me parece realmente impactante cómo el agua tiene esa fuerza increíble e imparable de llevárselo todo como si de una pluma estuviéramos hablando. No me lo podía creer, nadie se imaginaba que el paso de este fenómeno meteorológico resultara ser tan grandiosa catástrofe natural y tragedia humana al mismo tiempo.

La dichosa DANA había arrasado con todo, carreteras rotas, cientos y cientos de coches destrozados que el agua había arrastrado, puentes caídos, casas inundadas, calles llenas de barro...Todo un auténtico desastre que dolía ver. Pero ya no solo nuestros pueblos, sino, sobre todo, la cantidad de gente que se empezaba a saber que tristemente no había podido sobrevivir a esta desgracia, todas esas familias que han perdido algún ser querido por esta razón, incluso gente joven que ha perdido a su padre y madre simultáneamente, esto era lo peor.

El lunes 28 de octubre, un día antes de todo lo sucedido, se empezaba a correr la voz por el grupo de WhatsApp de que se suspenderían las clases ese martes. Finalmente, sobre las 21h de la noche, quedó establecido el segundo nivel de emergencia en la UV, quedando así suspendidas todas las actividades docentes. Lo que al principio parecía ser un día de descanso sin clase, se convirtió en una gran suerte que quizá, para algunas personas que viven más lejos de la universidad supuso salvarles la vida.

Por suerte, puedo decir que mi pueblo no es uno de los afectados por la DANA, por lo que mi experiencia personal con esta no ha sido la de perder ningún familiar, ni mi hogar, vehículo, negocio, etc., afortunadamente. Sin embargo, duele decir que una larga lista de más de 50 municipios sí que lo han sido. Aun así, la vida cotidiana se paralizó en nuestra ciudad, y como si de otra pandemia mundial se tratara, muchos pasillos de los supermercados volvieron a quedar desiertos. Aspecto favorable si sabemos que muchos de estos artículos iban destinados a donarlos, que en cierta medida lo eran. Pero la realidad, es que muchas personas estaban arrasando con productos perecederos como siete u ocho bandejas de carne para sus casas, viviendo en un pueblo o en la capital de Valencia, donde el agua no había llegado. Esto me deja helada porque parece que no aprendamos, que cada uno solo piense en sus propios intereses sin parar a mirar las necesidades del que tiene al lado, que pueda con nosotros el egoísmo y la avaricia.

No obstante, no me quedo con eso. Personalmente, me quedo con toda la unión, apoyo y solidaridad ya no solo de toda mi ciudad sino de mi país. Es emocionante ver cómo se ha volcado tanta gente para ayudar, desde la difusión de información y donación de comida y artículos necesarios, hasta los miles de voluntarios que se han ofrecido para echar una mano limpiando para que todos esos pueblos vuelvan a ser lo que eran. Además, me ha sorprendido que algunas de las personas más adineradas de nuestro país como Juan Roig o Amancio Ortega también hayan colaborado solidariamente, que es lo mínimo que podemos esperarnos de ellos al ser tan poderosos económicamente hablando, pero que dice mucho de ellos como personas. Asimismo, se están haciendo muchas actividades benéficas como clases de baile, conciertos, partidos de fútbol, etc.

En mi caso particular, llevé junto a mi familia, comida, ropa y calzado a un punto de donación de mi pueblo, pero no me parecía suficiente. No me sentía bien conmigo misma estando todo el día en casa y sabiendo que tanta gente lo había perdido todo, cualquier ayuda que hiciera me parecía insuficiente. Por ello, decidí que iba a ir como voluntaria a ayudar a los pueblos. De esa manera, me organicé con algunos amigos y fuimos varios días a ayudar a gente desconocida con sus casas y también a casa de una amiga a la que por desgracia sí que le ha tocado de cerca. Y la verdad es que es desolador, es totalmente desgarrador ver el estado actual de las calles, llenas de fango y de montañas de enseres domésticos que impiden el paso habitual como si de vertederos se trataran. Además, este trabajo de ir a ayudar es bastante duro y pesado, por lo que acabé muy cansada, pero a su vez, muy reconfortante, ya que te llena aportar tu granito de arena por muy pequeño que parezca, por lo que me siento orgullosa de poder decirlo. Y creo que esto también rebate la creencia de mucha gente de que los jóvenes de hoy en día somos la generación de cristal, ya que, según testimonios de personas de estos pueblos, hemos sido de gran ayuda antes de que llegaran los servicios de emergencia.

Por último, me parece emocionante y conmovedor ver los homenajes que están teniendo lugar en honor y recuerdo a todas estas víctimas, como el del equipo del Levante, y más aún, el del Valencia CF, el cual tuve la suerte de presenciar en directo, con la piel de gallina y las lágrimas en los ojos.

Aunque hoy en día todo se encuentre un poco más calmado, todavía no hemos vuelto a la normalidad, y es algo que nos costará bastante de recuperar, con la sensación de vulnerabilidad todavía apoderándose de nosotros, ya que como hemos podido comprobar, somos indudablemente frágiles ante la naturaleza. Por ello, considero que debemos de cuidarla, dado que nos está avisando desde hace algunos años con el cambio climático.

Después de todo esto que nos ha tocado vivir, a modo de reflexión, puedo decir que creo que debemos de valorar más las pequeñas cosas del día a día y las personas que nos rodean, a las cuales queremos y nos quieren, pues estamos en la vida de paso y nunca sabemos cuándo será el último día. Por ello, debemos de dar gracias por todo lo que tenemos por mínimo que sea, y sobre todo a la vida.

# Pesadilla en Valencia

Naiara Bau Martínez

Había una vez un grupo de amigos, Fran, Naiara y Mario, que salieron a comprar ropa a Nuevo Centro, en Valencia. Estaban contentos probándose prendas y paseando por las tiendas sin saber que algo inesperado estaba por suceder.

Cuando quisieron darse cuenta, se había hecho tarde y para su sorpresa el metro había dejado de funcionar. Ellos sin entender lo que estaba ocurriendo, decidieron llamar a sus familiares para encontrar una manera de volver a casa sanos y salvos. En el momento en el que consiguieron contactar con ellos, descubrieron la pesadilla ante la que se enfrentaban: ¡Varios pueblos de Valencia se estaban inundando! Grandes cantidades de agua estaban llenando calles y carreteras, por lo que mucha gente estaba en peligro.

Afortunadamente, Mario tras haber realizado llamadas insistentes a su familia, consiguió que su padre pudiera acercarse al centro de Valencia para recogerlos, ya que contaron con la suerte de que las carreteras del pueblo en el que vivían no sufrieron el peso de la DANA. Aun así, la angustia y el miedo que los tres sintieron no desapareció a pesar de que llegaron a salvo a su casa. Pues eran conscientes de que la vida de miles de personas estaba en riesgo debido a la desastrosa situación.

ILUSTRACIÓN 18. EL COCHE DEL TÍO DE NAIARA TRAS LA DANA.

Además, Naiara estaba preocupada por su tío que vivía en Paiporta, un pueblo cercano a la ciudad. Esto se debía al hecho de que su tía le contó que él tuvo que dejar el coche en mitad de la calle porque el agua le llegaba hasta la cintura. Naiara tenía mucho miedo por él y deseaba con todas sus fuerzas que todo estuviera bien. Pero para empeorar la situación, en el pueblo de su tío se fue la luz, no tenían agua y no había forma de comunicarse. Todo era muy complicado.

Por suerte, al día siguiente Naiara consiguió contactar con su tío. ¡Estaba bien! Su corazón se llenó de alivio, y aunque todavía estuviera triste, agradecía que su tío estuviera a salvo.

De este modo, Naiara aprendió la lección de que no hay que precipitarse ante sucesos que todavía no conoce y de este modo se dio cuenta de que, aunque el miedo pueda paralizarle, no debe suponer un obstáculo para ayudar a los más necesitados y afectados por esta situación.

ILUSTRACIÓN 19. EL TÍO DE NAIARA AYUDANDO A LIMPIAR PAIPORTA.

# Más allá del barro: la generación que rompió el cristal

Andrea Mompó Mas

Todo comenzó con un aviso de la Universidad de Valencia y la advertencia de nuestros padres. Nos informaron que venía una DANA, una gota fría, pero no parecía ser algo inusual. Sin embargo, cuando la alarma de emergencia sonó, comprendí que lo que estaba por venir era mucho más grande de lo que pensábamos. Nos despertamos con imágenes desoladoras en la televisión y las redes sociales que reflejaban pueblos inundados de agua y barro, viviendas arruinadas, coches flotando y personas que habían perdido todo, incluso personas desaparecidas.

Me encontraba en mi piso de estudiantes en Valencia cuando ocurrió, lejos de mi familia, pero sabía que no podía quedarme quieta, me horrorizaba la idea de quedarme de brazos cruzados, quería ayudar. Junto a mis compañeras, hicimos una gran compra de comida y productos básicos, y los llevamos a diferentes puntos de recogida en la ciudad. El estadio Mestalla era uno de ellos y fue un lugar en el que pasamos varios días y largas horas como voluntarias, organizando donaciones y viendo llegar camiones, furgones o personas aportando lo que podían, aunque fuera lo más mínimo. Se respiraba tristeza y preocupación por la situación allá donde fueras.

Lo que más me emocionó fue ver la reacción de los jóvenes. Somos una generación que a menudo se etiqueta como generación de cristal, frágil o poco comprometida, pero allí estábamos, trabajando codo con codo, dejando a un lado nuestras diferencias, unidos por un mismo propósito: ayudar a quienes más lo necesitaban.

Después de varios días en Mestalla, decidimos dar un paso más. Conseguimos botas, guantes, mascarillas, palas y artículos de higiene para donar y formamos un pequeño grupo de voluntarios con gente que conocíamos. Nos pusimos en marcha hacia los pueblos más afectados cerca de Valencia a los que podíamos acceder a pie: Alfafar, Benetússer y Massanassa. El camino era largo, pero cada paso valía la pena.

En Alfafar, ayudamos a una familia mayor que tenía su casa y su pequeño negocio completamente inundados. Pasamos horas limpiando barro y sacando muebles que ya no se podían salvar, les ataban los recuerdos a muchos objetos y les costaba desprenderse de ellos. En Massanassa, el agua había llenado garajes, y entre todos logramos vaciar uno de una familia que no había podido aun empezar a quitar cosas y limpiar. En Benetússer, los vecinos estaban organizados y nos unimos a ellos para limpiar calles. Ver cómo el pueblo se une en los momentos más duros me hizo sentir una profunda admiración y esperanza por la humanidad.

Finalmente, cuando la situación comenzó a estabilizarse, las carreteras se despejaron y no colapsábamos el tráfico, regresé a mi casa. Desde allí, nos organizamos para ir al pueblo de Algemesí, a casa de los familiares de una amiga cercana, se habían quedado sin gran parte de sus cosas. También ayudamos al resto de vecinos y edificios locales como el colegio, la iglesia etc. Fue una experiencia muy impactante. Al entrar al colegio del pueblo, me encontré con una escena que me conmovió especialmente: delantales de niños pequeños todavía colgados, mientras el agua y el barro aun cubrían el suelo y las paredes.

Ayudamos a limpiar aulas, recoger juguetes y muebles destruidos. Los vecinos, aunque agotados, trabajaban juntos para devolver algo de normalidad a su vida. Las palabras de agradecimiento de las personas mayores, las sonrisas tímidas de los niños que nos observaban y la unión que se respiraba en el aire me llenaron de una mezcla de tristeza y esperanza.

Cada día que pasaba me sentía más orgullosa de lo que estábamos haciendo y de mi generación. Aunque no fui víctima directa de la DANA, la conexión con quienes sí lo fueron me marcó profundamente. Aprendí que, en los momentos de crisis, lo más importante no es lo que perdemos, sino lo que somos el pueblo junto.

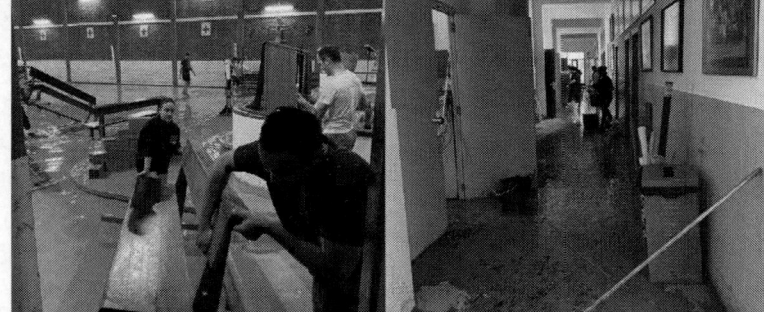

ILUSTRACIÓN 20. FOTOGRAFÍAS TOMADAS POR ANDREA DURANTE LOS DÍAS DESCRITOS.

# El pueblo si salva al pueblo

Jose Palacios Gómez

Buenos días a todos y todas, soy Jose y he venido aquí para poder contaros mi historia personal sobre lo ocurrido tras la DANA.

Hace unos días estaba preparándome para hacer el examen del carné del coche cuando mi madre me llamo al teléfono con una noticia que nunca me habría imaginado: No podía volver a mi pueblo porque este se estaba inundando y el agua se estaba llevando todo por delante. Al principio no me creía esto, ya que como he dicho antes, nunca podría imaginar que el lugar donde he crecido, he conocido a las mejores personas que conozco y he aprendido la mayor parte de las cosas que sé, se estuviese inundando, pero cuando mire por la ventanilla del coche y vi como la carretera se estaba empezando a llenar de agua también, entendí que aquello que mi madre me estaba diciendo era verdad, y una vez vimos toda esa agua nos fuimos al primer pueblo que vimos cerca.

Una vez llegamos a ese pueblo, una maravillosa familia nos acogió en su casa y pudimos salvarnos de toda aquella cantidad de agua había en las calles. Esa noche estuvimos sin poder hablar con nuestras familias y con muchísimas ganas de poder volver a casa para estar con todos ellos, pero no fue hasta el día siguiente que mi profesora de la autoescuela, mi compañera y yo, pudimos ir a nuestro pueblo y ver a todos nuestros seres queridos. Nunca les había dado un abrazo tan fuerte a todos mis familiares y me alegré mucho de que todos estuviesen bien, ya que como habían dicho por la tele, mucha gente ya no estaba con nosotros por culpa de esta catástrofe.

Al día siguiente puede ver también a muchos de mis amigos y juntos nos dimos una vuelta por el pueblo, dándonos cuenta de lo mal que se había quedado todo por culpa del agua y el trabajo que íbamos a necesitar hacer entre todos para poder arreglar ese desastre. Toda la gente del pueblo estaba muy triste por lo que había sucedido, ya que muchos habían perdido sus coches, otros muchos sus casa y trabajos, los niños como vosotros se habían quedado sin un colegio al que ir, pero lo peor de todo es que había gente que había perdido a personas que querían. Toda esta situación despertó en el pueblo una gran solidaridad ya que los días siguientes a la catástrofe todos nos bajamos a las calles a ayudar en lo que podíamos. En nuestro caso decidimos ayudar en las casas y tiendas que sabíamos que había entrado agua y necesitaban ayuda para sacar todos los muebles y limpiarlas, pero todo el pueblo ayudó en diferentes tareas, como por ejemplo limpiar el barro de las calles o ayudar a la gente mayor a ir a sitios a los que solos no podían ir.

A pesar de que toda la ayuda que estábamos dando toda la gente del pueblo, esta no era suficiente, ya que la situación era demasiado para los pocos que éramos, pero cuando llego el fin de semana todo esto cambió. Cuando el viernes bajé a la calle para seguir ayudando a un amigo a vaciar su casa me quedé totalmente sorprendido, ya que todas las calles del pueblo estaban llenas de gente voluntaria que había venido de toda España a estas zonas afectadas por la DANA a ayudar en todo lo que pudiesen. Muchos de ellos venían con escobas para quitar barro de las calles, otros muchos venían con furgonetas llenas de ropa y alimentos para la gente que lo necesitase y otros traían sus propios coches o tractores para quitar de las calles todas las cosas pesadas que había en las calles y la gente con sus propias manos no podían quitar. Toda esta ayuda fue importantísima para que todo el pueblo consiguiese salir adelante poco a poco, ya que, desde ese fin de semana, día tras día los voluntarios no han parado de venir a las zonas afectadas, haciendo posible muchas de las cosas que los primeros días no se podían hacer, como por ejemplo salir a la calle sin llenarte de barro hasta la cintura o que una persona mayor pueda salir de su casa para ir a uno de los puntos de recogida de alimentos que hay por el pueblo a coger lo que necesite en su casa.

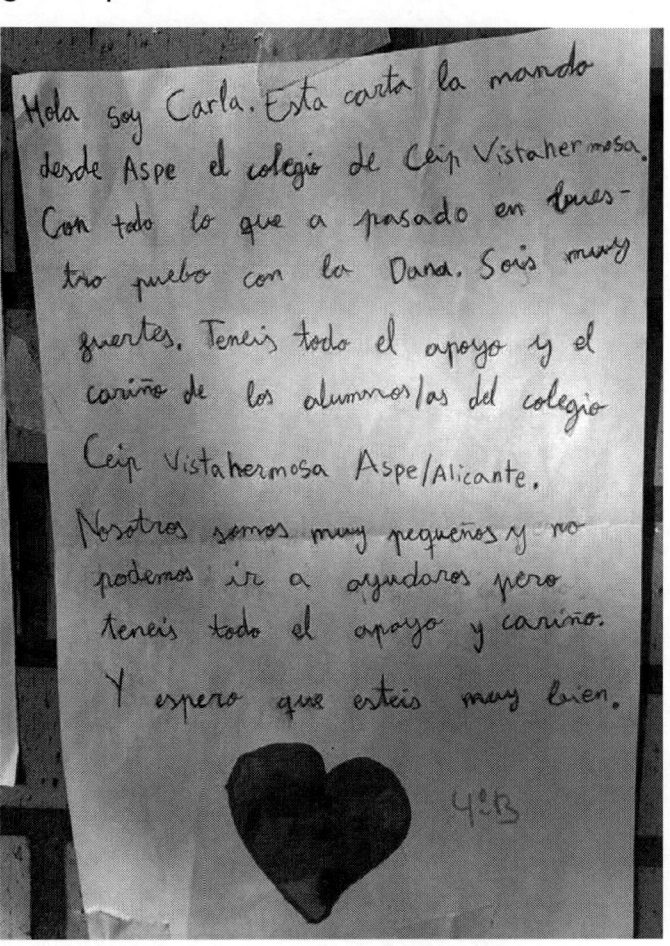

ILUSTRACIÓN 21. MUESTRA DE QUE LAS PEQUEÑAS COSAS TAMBIÉN AYUDAN.

A día de hoy, el pueblo sigue necesitando muchísima ayuda para volver a ser era antes y esto va a costar mucho tiempo y esfuerzo, pero seguro que, si todos y todas ponemos nuestro granito de arena como hemos estado haciendo hasta ahora, vamos a lograr sacare esta situación adelante.

# Querido diario...

Naiara Llorens Bernabeu

*27 de octubre de 2024*

Hola, yo soy Júlia Cerdà. Tengo 6 años y vivo muy feliz con mi mami y mi abuelo en una casita en Paiporta. Te cuento todo esto porque a partir de hoy vas a ser mi diario y voy a contarte mi vida.

*28 de octubre de 2024*

Querido diario, hoy ha sido un buen día porque he estado jugando con mis amigos en el cole. Por la tarde, he estado un rato con mi yayo mientras miraba la tele y la chica del tiempo ha dicho que esta semana vendrá una cosa que se llama Dana o algo así. Yo no lo he entendido, pero mi abuelo, que es muy listo, me ha dicho que eso significa que lloverá mucho.

*29 de octubre de 2024*

Querido diario, hoy está siendo un día un poco raro porque hemos acabado el cole muy pronto y ha venido mi yayo a por mí. Creo que está un poco preocupado y yo también porque está llamando a mi mamá y no contesta. Además, la chica de la tele tenía razón ¡está lloviendo un montón! Tanto que hasta se ha salido el agua del río, dicen mis tíos.

*30 de octubre de 2024*

Querido diario, al final ayer pasaron muchas cosas que tengo que contarte. Mi calle empezó a llenarse de agua marrón que también estaba entrando en mi casa. Además, no podíamos encender la luz y el móvil de mi abuelo no funcionaba bien. Por eso, nos fuimos a casa de mi vecina Aurelia, que vive arriba de mi casa. Después de un rato los móviles me dieron un

susto porque empezaron a sonar muy fuerte y mi yayo me contó que era una alarma del gobierno. Yo estaba muy asustada porque nadie sabía nada de mi mami y los mayores estaban preocupados y lloraban cuando yo no miraba. Como no podía dormir me puse a mirar por la ventana y vi un montón de coches flotando y personas cogidas a las farolas.

Esta mañana, mi mamá ha vuelto a casa y nos ha contado que un bombero la había rescatado porque cuando salió de trabajar el agua se la llevó a ella y a su coche. El pueblo está destrozado y lleno de coches y de barro, pero lo peor ha sido cuando hemos entrado a mi casa y todo estaba manchado; los muebles, la ropa y hasta mis juguetes. Estoy contenta porque mi mamá ha vuelto con nosotros, pero estoy muy triste porque no podemos estar en casa y no puedo jugar con mis juguetes, ni vestirme con mi ropa y tampoco ir al cole con mis amigos.

*31 de octubre de 2024*

Querido diario, hoy estoy muy triste y cansada. No sé cuándo podré volver a mi casa porque nadie viene a arreglar el pueblo. Hoy he estado con mi mami y mis vecinos limpiando la calle y sacando las cosas sucias de mi casa. Mi familia está bastante enfadada y triste y hablan de cosas que no acabo de entender. Ellos no me han visto pero he escuchado que hay muchas personas perdidas y algunas muertas. Eso me ha puesto muy triste.

*1 de noviembre de 2024*

Querido diario, hoy estoy un poco más contenta porque mucha gente ha venido a ayudarnos a limpiar. Me han contado que han tardado horas en llegar porque han venido a pie y cargados con escobas y cubos. También, muchos nos han traído comida y agua, ya que la que teníamos en casa se ha puesto mala. Me he puesto muy feliz de ver a todas esas personas, a las que mi mamá llama voluntarios, aunque tenía ganas de ver a algún militar, ya que mi abuelo me dijo que vendrían a ayudar, pero no ha sido así.

## 2 de noviembre de 2024

Querido diario, hoy por fin he podido ver algún militar por el pueblo y eso me ha alegrado. Mi familia, no sé por qué, está muy enfadada y los he escuchado decir que los de arriba no están haciendo las cosas bien. No sé si se referirán a la señora Aurelia, porque ella nos está cuidando mucho pero bueno. También, cuando he salido a limpiar he visto muchos balcones con carteles en los que ponía "El poble salva al poble" y creo que se refiere a que los voluntarios que están llegando están ayudando más a mi pueblo que los jefes de España.

## 3 de noviembre de 2024

Querido diario, hoy no sé por qué no han venido tantos voluntarios al pueblo, pero he visto a muchísimos policías y militares. Aunque la señora Aurelia me decía que no mirara por la ventana, he podido ver que han venido al pueblo tres hombres y una mujer con paraguas, rodeados de muchos policías. Muchas personas han empezado a tirarles barro y piedras y he escuchado que les gritaban cosas muy feas. Uno de ellos creo que se ha asustado porque se ha ido corriendo en un coche negro. Cuando Aurelia me ha pillado mirando me ha dicho que esas personas eran los jefes de España y cuando le he preguntado qué entonces por qué no nos han mandado ayuda me ha contestado que son cosas de política. Ahora ya es por la tarde y está volviendo a llover. Tengo un poco de miedo por si vuelve a pasar lo del otro día.

## 4 de noviembre de 2024

Querido diario, hoy han venido bastantes voluntarios y cada vez hay más camiones de bomberos, militares y policías. Estoy un poco triste porque quiero volver a mi casa, pero el pueblo poco a poco está más limpio y hay grúas que se están llevando los coches, supongo que para arreglarlos.

## 6 de noviembre de 2024

Querido diario, perdón por no escribir ayer, no tuve tiempo. Ahora las personas que vienen van super tapadas y parece que estemos en una película. Llevan botas, guantes, mascarillas y algunos van con trajes que parecen de científico. Mi mamá me ha dicho que eso es para no ponerse malitos porque el barro y el agua tiene virus. Por eso, me toca quedarme en casa de Aurelia con ella y con mi yayo para que no nos pongamos malos. A veces, me dejan salir con mi primo mayor a repartir comida y cosas a las casas de los abuelitos que les cuesta un poco caminar, pero tengo que ir super protegida.

## 9 de noviembre de 2024

Querido diario, siento no escribirte todos los días, es que últimamente estoy bastante triste. Viene un montón de gente de muchos sitios, pero el pueblo aún está super sucio y aún no puedo volver a mi casita. Hoy me he quedado con mi abuelo y por la tele ha salido mucha gente enfadada en una plaza. Aurelia dice que eso era una manifestación y que la gente estaba enfadada porque el que manda en valencia está haciendo cosas malas.

## 12 de noviembre de 2024

Querido diario, hace dos semanas que estamos en casa de la señora Aurelia. Ella se porta muy bien con nosotros y la quiero mucho, pero tengo ganas de irme. Echo de menos todo lo que tenía antes de que el río se saliera. Quiero ir al cole, quiero mis cosas, quiero mi habitación... pero yo creo que ya no volveré a mi casa porque todo sigue casi igual. No sé si volveré a escribirte, perdón, pero ya no tengo ganas.

*29 de octubre de 2025*

Querido diario, siento haber estado tanto tiempo sin escribirte. Me he acordado de ti porque en la tele han dicho que hoy hace un año de la Dana, esa que rompió mi pueblo. Quería que supieras que hace ya unos meses que he podido volver a mi casa, aunque la hemos tenido que volver a decorar y mi mamá me ha comprado una cama y juguetes nuevos. También, las cosas han cambiado un poco porque ahora solo vivo con mi mami. Mi yayo se ha quedado a vivir en casa de Aurelia porque ahora son novios y muchas veces subo a jugar con ellos. Las calles ya están limpias y también hace tiempo que ya puedo ir al cole con mis amigos y con la seño Carmen. Mi familia sigue enfadada con los que mandan en España y sigo sin entender muy bien que pasa, pero yo estoy contenta porque he podido volver a mi vida normal y estamos todos bien.

Ahora tengo 7 años y vuelvo a ser muy feliz. Hasta pronto querido diario...

# Cuando el río suena...

Sara Martínez Morales

El día 29 me desperté a las 7 de la mañana por el sonido de la lluvia, nunca había escuchado llover de esa forma tan intensa. Mi hermana pequeña vino corriendo a mi habitación, ya que tenía mucho miedo, las dos bajamos al salón donde nos encontramos con nuestra madre teletrabajando, nos contó que había decidido no ir a trabajar, ya que el limpiaparabrisas no funcionaba muy bien. Mi padre se levantó más tarde para ir a trabajar (ambos trabajan en la misma empresa en Catadau), pero 10 minutos antes de salir le dijeron que no fuera porque la empresa estaba totalmente inundada y los trabajadores estaban refugiados en las oficinas. Mi madre perdió rápidamente la conexión con la empresa, yo intenté hablar con mis amigas de ese pueblo, pero no había cobertura, enseguida nos llegaron las primeras imágenes de Catadau, no sabíamos que esas imágenes de caos se repetirían a lo largo de toda Valencia.

ILUSTRACIÓN 22. RIU DE CARLET A LAS 17 EL 29/10.

En Carlet la luz se fue a las 12 del mediodía, todos creíamos que volvería enseguida sin saber que la central eléctrica ya estaba totalmente inundada y que habían caído dos torres de luz. A las 17 de la tarde dejó de llover; mi hermana, mi padre y yo decidimos acompañar a mis vecinos a pasear al perro y de paso ver cómo estaba el río (por el pueblo se comentaba que desde la pantana nunca había estado tan lleno). Efectivamente, nunca había visto el rio con tanta, imagen que impactaba, ya que normalmente estaba seco. Mi padre, mi hermana y los vecinos decidieron hacerse una foto, no sabían que la plataforma sobre la que estaban caería apenas 2 horas después.

Se hizo de noche, la luz y la cobertura hacía horas que habían desaparecido, en esos momentos no sabíamos que había habido 6 tornados alrededor del pueblo que habían derribado las torres de luz y aniquilado el polígono. La policía iba por las calles asegurándose de que nadie estuviera fuera de casa, ya que el río estaba a punto de desbordarse. No sabíamos que en los pueblos vecinos Alcúdia, Guadassuar y Algemesí ya se había desbordado y estaban totalmente inundados, Carlet resistía ya que nuestro río era el más ancho. La alarma llegó cuando llevábamos 8 horas incomunicados y la parte más baja de Carlet ya estaba totalmente inundada. En toda la noche no pude dormir preocupada por mis amigas de Catadau que no me respondían, preocupada por mis amigos del pueblo que vivían más cerca del río que yo, pero lo peor era el sonido del río que superaba al de los truenos. Esa noche dormí con mi hermana intentando tranquilizarla, pero algo dentro de mí me decía que lo que estaba ocurriendo era muchísimo más grave de lo que creíamos.

ILUSTRACIÓN 23. CAMPO DE FÚTBOL DE CARLET (PARTE MÁS BAJA DE CARLET).

Al día siguiente todos nos despertamos con la alarma de emergencia a las 7 de la mañana, decidí salir a la venta y vi cientos de cabezas igual que yo mirando hacia el río. El suspiro fue generalizado cuando vimos que el agua no había salido (nos quedamos a menos de un metro). La felicidad nos duró poco, el puente se había roto dejándonos incomunicados de los otros pueblos, el camino para llegar a Alcúdia estaba abarrotado de la maquinaria que había salido de las fábricas y el puente para llegar a Catadau tenía riesgo de derrumbe. Los pocos que tenían cobertura y batería (ya que todavía no había luz) empezaron a recibir imágenes de los pueblos vecinos.

Mi amigo Javi vino a ver como estábamos y a traernos un poco de comida, su madre había conseguido hacer paella con un fuego de gas y estaba haciendo la máxima que podía. Nos contó llorando que su hermana se había quedado encerrada en la tienda en la que trabajaba en Guadassuar, cuando el agua le llegaba por la cintura un coche había impactado contra la cristalera rompiéndola y había conseguido salir por ahí. Por la noche lo acompañé a recoger a su hermana a Guadassuar, cuando pasamos por Alcúdia los dos

ILUSTRACIÓN 24. PUENTE DE CARLET.

empezamos a llorar, las calles estaban totalmente inundadas y llenas de barro, los coches estaban unos encima de otros formando montañas y la gente empezaba a sacar sus cosas de las casas a la calle (El agua en las zonas más bajas de este pueblo llegó a los casi 2 metros).

El tercer día volvió la luz y fue horrible, ya que empezamos a ver las imágenes de todos los pueblos y lo peor la cifra de muertos y desaparecidos. También, empezamos a recibir todos los mensajes de familiares y amigos preocupados. Pude contactar por fin con mis amigas de otros pueblos, una de ellas no sabía nada de sus padres, ya que estaba en Valencia y sus ellos no tenían cobertura, otra me contó que su casa estaba totalmente destrozada y que se tuvo que subir al tejado de esta para que no les llegara el agua. Entre toda la locura, por la tarde fui a limpiar a Guadassuar, la casa de la familia que había ayudado a la hermana de Javi, vimos el coche que "le había salvado la vida", no quiero pensar qué hubiese pasado si aquel coche no hubiese impactado contra el cristal de la tienda.

ILUSTRACIÓN 25. GUADASSUAR EL 30/10.

Los días que siguieron se resumen, en una palabra: Limpiar. Volví a Guadassuar, esta vez a limpiar un cole, casualidades de la vida me enviarán a un aula de infantil. Fue horrible ver como las batas de los niños estaban apiladas en un rincón llenas de barro, los cuentos eran masas de papel, los columpios rotos, las piezas de construcción flotaban... Otro día fui a Alcúdia con mis amigas, bajamos a un subterráneo a sacar agua y nos sacaron corriendo cuando parte de la pared de la casa empezó a temblar y agrietarse, mientras salimos parte de la escalera que había estado limpiando una de mis amigas se derrumbó. Unos de los peores días, fue sin duda el que me puse enferma y no pude ir a limpiar, el sentimiento de quedarme en mi casa sabiendo la situación y que no podía hacer "nada" fue horrible.

ILUSTRACIÓN 26. ALGEMESÍ UNA SEMANA DESPUÉS DE LA DANA.

ILUSTRACIÓN 27. COCHES DE LOS VOLUNTARIOS.

La semana pasó sin que me diera cuenta, Alcúdia estaba mejor, ver las aceras era motivo de alegría. Ese fin de semana decidimos ir a Algemesí, uno de los municipios que se había llevado la peor parte, ya que el río era muy estrecho. Las calles seguían llenas de barro, los coches seguían amontonados y la gente seguía vaciando garajes. Ese día fue el primero que vi un coche con una "X" y me hubiese gustado no saber lo que significaba. Por la tarde fuimos con unas chicas a repartir mascarillas y comida por las casas, no pude evitar fijarme de más en los niños que miraban el barro con normalidad e intentaban ayudar a sus padres con mopas de juguete, la catástrofe se había vuelto parte de su día a día. Cuando nos fuimos pasamos por una calle llena de coches en los que la gente apuntaba de donde había venido a ayudar, me emocionó ver los nombres de ciudades de toda España.

# Cuando todo cambia

Laia Monzó Crecente

Unos minutos. Es lo que se necesita para perderlo todo. Todo se desliza por tus dedos por unos segundos, cuando parecía que ya lo alcanzabas. Todo cuanto anhelas. Todo aquello por lo que has derramado sudor y lágrimas, esfuerzo, pérdidas y alegrías. El agua llegaba irrevocablemente y con una magnitud impredecible, tan rápidamente que apenas existía el margen de reacción. Recoge tu vida en un par de minutos, e intenta ponerte a salvo, y deja de lado todo por lo que has luchado, pues en un pestañeo, ya está siendo arrasado.

ILUSTRACIÓN **28**. NEGOCIO DEVASTADO EN ALFAFAR.

Los años de sacrificio, de empeño, las inversiones y el mimo, en el oficio, todo desparramado por las calles, oscuras por la falta de luz, de esperanza. El sueño de una vida, los duros obstáculos superados en el camino, la ansiada estabilidad que parecíamos por fin lograr, solo para retroceder de nuevo a la casilla de inicio.

Empezar de nuevo no es sencillo, puede ser desesperanzador, pero cada día es una nueva oportunidad de levantarse, de dar un paso, tras otro, y reconstruir lo que un día fuimos, para conseguir llegar a lo que seremos. En situaciones desesperadas, el ser humano logra renacer, con una fuerza, solidaridad y esperanza que quizá antes no conocía, pero logramos crecer con la adversidad, y utilizarla como motor para salir adelante, con más empeño del que solíamos conocer.

Hoy, al caminar por las mismas calles que antes parecían caminos hacia el fracaso, podemos verlos como caminos hacia algo mejor. Porque cuando todo cambia, también cambian las posibilidades, las oportunidades de volver a crear, de seguir soñando. Y así, lo que parecía el final, se convierte en el principio de algo más grande, más fuerte, más especial.

Porque cuándo todo cambia, cambiamos también nosotros. Y en ese cambio, quizá, encontraremos la esperanza de un futuro aún por escribir.

# Una historia para contar

Lucía Gabaldón López

Hoy, martes 19 de noviembre, hace tres semanas que pasó una de las catástrofes más complicadas que ha sufrido Valencia. Nunca imaginé que llegaría a vivir una situación así ni mucho menos vivirla de tal manera que llegase a afectar a la empresa de mi familia y al pueblo valenciano.

El día 19 de noviembre, me encontraba en la tienda de ropa en la que trabajaba y sobre las ocho de la tarde comenzó a sonar una alarma en la tienda, era el comunicado de emergencia y la alerta para dejar lo que estuviéramos haciendo e irnos a casa. Yo, sorprendida, me bloqueé en ese momento, vi como mis compañeras empezaban a recoger, mi encargada llamaba a la jefa para comunicarle que íbamos a cerrar por el estado de alarma y lo primero que nos dijeron fue: "Cambiaros, dejar la tienda como está, iros a casa, y avisarnos cuando lleguéis". Asustada llamé a mis padres para preguntarles qué debía hacer, si dejar el coche en Valencia o que vinieran ellos a recogerme, mi padre se ofreció a venir, pero pensándolo en frío no quería dejar el coche en Valencia ni que tuvieran que bajar adrede a por mí. Decidí ser valiente y cogerlo hacia casa, creo que fue uno de los trayectos en coche que no se me olvidaran nunca. Llovía muchísimo, mis manos iban al volante agarrándolo muy fuerte ya que el viento soplaba y mi coche se desplazaba hacia el lado sin quererlo, solo quería llegar a casa. Finalmente, llegué y antes de poder tocar para que me abrieran ya estaba mi madre preocupada llamándome, enseguida toque al timbre y me abrió la puerta en un abrir y cerrar de ojos, ella me dijo: "Menos mal que ya estás aquí con nosotros, mira las noticias".

En casa ya estaba a salvo, con mi familia. Me senté en la mesa para cenar y las noticias eran horribles, las inundaciones por parte de la Dana fueron un desastre natural causadas por una gota fría que fueron afectando en distintas zonas de las comunidades autónomas de Aragón, Castilla-La Mancha, Andalucía, Cataluña y, sobre todo, aquí, en la Comunidad Valenciana. Los barrancos desbordados, las carreteras inundadas, las callejuelas de los pueblos parecían ríos en los que el agua bajaba con tal fuerza que destrozaba los hogares, parques, supermercados, comercios, colegios... Lo que estaba sucediendo era algo impensable hasta ahora para los valencianos. Los pueblos estaban patas arriba, inundados, sin luz, incluso algunos incomunicados, donde podían pedían ayuda y donde no intentaban apañarse para sobrevivir, fue una noche de miedo.

Mi madre sobre las once de la noche recibió una llamada de mi Tío, ellos estaban preocupados por el negocio familiar, su empresa de aluminio y la nave en el polígono industrial de Catarroja donde tenían todos los materiales y los partes de trabajo que hoy en día nos siguen dando de comer y que gracias a ellos podemos vivir felices y bien. En la llamada mi Tío decía: "La nave se está inundando", por las cámaras estaban viendo como poco a poco la nave iba inundándose a un ritmo acelerado. Como he dicho antes, fue una noche de miedo.

La mañana siguiente, los pueblos y comercios estaban destruidos, las carreteras cerradas con mil coches abandonados y estampados, las empresas inundadas, en una noche parecía que habíamos vivido una guerra. Mi familia intentó acercarse a Catarroja, simplemente necesitaban ver cómo estaba todo aquello y que podían empezar a hacer para arreglar este desastre.

Conforme iban pasando los días, solo quedó que ayudar y ayudar, nos pasamos dos semanas limpiando toda la nave. Compañeros, trabajadores y amigos de mi familia se ofrecieron a ayudarnos para arreglar todo y gracias a que estuvimos unidos y trabajando día tras día la nave quedó medianamente bien para poder incorporarse al trabajo nuevamente. Gracias a Dios, todos estábamos bien, y lo que nos había pasado no era nada en comparación a otras familias.

Una vez nos íbamos recuperando, todavía quedaban miles de daños por arreglar, como el de todos aquellos pueblos y familias que lo habían perdido todo. Unas amigas y yo nos ofrecimos a ir a un voluntariado donde nos enviaban a las zonas afectadas para poder ayudar a toda esta gente. Nos pasamos varios días allí, cavando y sacando fango y agua de sus hogares, llevando alimentos y agua, dándoles nuestro apoyo. De esta manera el pueblo se sentiría más unido y poco a poco todos juntos solucionaríamos este desastre que tanto nos ha afectado.

Finalmente, me gustaría enseñaros algunas fotos de la tragedia, y dar todos los ánimos a todas las familias afectadas. Debemos seguir hacia adelante y unidos lo conseguiremos, "El pueblo salva al pueblo".

ILUSTRACIÓN 29. FOTOGRAFÍAS FACILITADAS POR LUCÍA GABALDÓN.

# Visita al museo

Paola Navarro Sanchis

Ya han pasado unas cuantas semanas desde que Valencia tuvo que pasar por una catástrofe que arrasó con varios pueblos, pueblos que tenían tiendas, escuelas y casas. Aunque está claro que no será fácil volver a la normalidad, poco a poco, con la ayuda de jóvenes, adultos, valencianos, o incluso de otros países o partes de España, se está consiguiendo limpiar un poco las calles y dar ayudas a las personas afectadas.

Ahora nos situamos en una escuela que se encuentra en la capital, bastante céntrica, esta no ha sido afectada directamente, pero no podemos decir lo mismo de algunos alumnos, aunque muchos viven cerca de la escuela, otros si han sido afectados directamente o tienen familia o amigos cercanos que, si lo han sido, es por ello que su profesora ha decidido no hablar directamente de lo ocurrido, pero sí que preguntó a sus alumnos como se encontraban nada más volver a clase.

Después de una semana de alertas, Amelia, la profesora de la que hablábamos, decidió retomar una salida que tenía pendiente, esta era una visita con sus alumnos de tercero de infantil al museo de bellas artes de Valencia.

Los niños veían los cuadros fascinados, por lo menos una parte lo hacía así, otros preferían pasear mientras eran advertidos de que debían ir con cuidado, y otros cuantos iban distraídos.

Lo fascinante pasó al entrar en una habitación rectangular bastante ancha pero que parecía muy acogedora, no tenía muchos cuadros, pero los que se encontraban allí eran de grandes dimensiones, y uno llamó la atención de gran parte del alumnado, "Amor de madre".

— Profe, ¿cuándo pintaron ese cuadro? Parece muy antiguo, pero eso salió en las noticias — Decía uno de los pequeños señalando el cuadro.

Después de eso los niños empezaron a debatir entre ellos por lo que no hizo falta contestación de Amelia, por lo menos por ahora.

La salida había terminado, y a la semana siguiente Amelia sentó a todos frente a la pizarra digital dispuesta a hablar de aquella catástrofe de forma indirecta, ya que la situación del museo le había parecido que podía dar a una charla tranquila en clase sin que los alumnos se sintieran mal o incluso obligados a contestar sobre aquel tema.

No comenzaría con aquella imagen tan polémica, si no que pensó que podría empezar mostrando algunos cuadros de catástrofes mucho más antiguas, comenzando con "El fusilamiento del 3 de mayo" y poniendo como acompañamiento "La carga de los mamelucos" que ocurre el 2 de mayo, es decir que son cuadros que cuenta una pequeña historia bastante fría.

Algunos padres podrían pensar que mostrar cuadros así a niños tan pequeños es algo malo, pero están equivocados, son cuadros que muestran una realidad y que está bien comentar en clase, sobre todo ahora.

Muchos niños quedaron sorprendidos y las preguntas no faltaron, pues la imagen tenía muchas cosas curiosas, como los colores utilizados y la posición de los personajes.

El siguiente cuadro fue "Guernica" algunos niños ya lo conocían, pero aun así el cambio de un cuadro a color, a uno blanco y negro les sorprendió.

Las preguntas más sonadas fueron sobre las formas que llamaban "raras" o "feas".

Y después ya llegaron al cuadro importante, el cuadro por el que se había decidido hacer la actividad, "Amor de madre".

El ruido comenzó con frases como "Ese lo he visto en el museo" "Yo también lo he visto", la profesora mandó silencio para después poder dar la palabra con tranquilidad.

Aunque tardaron, después de un pequeño rato comenzaron las preguntas sobre el parecido del cuadro con lo ocurrido en Valencia, muchos niños hablaban de situaciones que habían oído o visto en las noticias, o en boca de algún conocido.

— Había una chica atrapada en un tejado, como en esa casita de ahí, pero en la tele vi como la salvaron — Dijo una de las niñas.

Hablaron de lo bueno y de lo malo, pero siempre desde la esperanza de que todos estuvieran bien.

Después de aquella clase, y de que Amelia les enseñara algunas pautas a seguir si esto volviera a pasar, los niños salieron de clase muy contentos con ganas de contarles a sus padres lo que habían hecho y aprendido hoy en el aula.

ILUSTRACIÓN 30. DE ARRIBA ABAJO Y DE IZQUIERDA A DERECHA: EL FUSILAMIENTO DEL 3 DE MAYO, LA CARGA DE LOS MAMELUCOS, EL GUERNICA, AMOR DE MADRE.

# Una DANA en mi pueblo
María Moreno

Hola, soy María.

Os quiero explicar cómo una DANA ha afectado a mi pueblo.

Como todos los días hoy he ido al cole, pero cuando volvía a casa se ha puesto a llover.

Al llegar a casa he mirado por la ventana y había mucha agua en las calles. El agua cada vez estaba más arriba.

Y al juntarse con la tierra creó mucho barro.

Se llevaba coches, juguetes, muebles y muchas cosas más. A la mañana siguiente todo estaba destruido y lleno de barro. Y mucha gente se tuvo que ir de su casa.

Estaba un poco triste, pero por suerte vecinos y amigos nos pusimos botas y salimos a ayudar para limpiarlo todo.

Entre todos pudimos dejar todo un poco más limpio. Recomendaciones:

Para ayudar a limpiar utiliza:

Y lávate muy bien las manos antes de comer. Tipos de alerta:

Mucho peligro, hay que quedarse en casa. No salgas a la calle, mal tiempo.

Ten cuidado, puede haber mal tiempo. No hay peligro, hace buen tiempo.

Si has sido afectado por una DANA habla de cómo te sientes con familia y amigos para que todos os podáis ayudar.

Todos unidos podemos hacerlo mejor.

# La tràgica DANA
Nuria Hernandis Martínez

Eixe dia, Javier es va anar a treballar en el seu cotxe al matí com ell feia de normal. Era un dia en què feia fred i hi havia molta humitat al carrer. Es va donar compte que era un dia ennuvolat, on no es podia veure ni un raig de sol. Quan va començar la seua jornada laboral, a les hores va començar a escoltar-se uns forts sorolls que procedien de l'impacte de la pluja amb el sostre de la fàbrica. La forta pluja que estava ocorrent en eixe moment, no era una pluja típica, era una pluja amb granissol. Com de normal, ell va parar a descansar i mentres es va anar a prendre un cafè amb els companys i companyes del treball, però de sobte va sonar l'alarma. L'alarma va fer alertar als altres treballadors, ja que si sona l'alarma es per a la producció immediatament. El lloc on treballa és una fàbrica que produïx productes químics, és una nau bastant gran amb molts treballadors, ell especialment es dedica a conduir un carretó dins de la nau, la faena de la qual consistix a carregar i descarregar camions. Javier era un home, podria dir d'uns quaranta-cinc anys, bru i bastant alt, portava l'uniforme de treball, uns pantalons grisos i una dessuadora taronja bastant cridanera. Al poc desprès d'acabar el descans es va tornar a reprendre la producció i tot el treball en aquella fàbrica, per la qual cosa va parar l'alarma de sonar.

Anaven passant els minuts i les hores i la pluja seguia amb la mateixa intensitat del principi o fins i tot encara amb més força, Javier li va donar per anar a donar una ullada per l'el moll on descarregava i carregava els camions. A través del moll, pel que sembla, es podia observar el carrer en la qual es trobava la fàbrica, era en un carrer del polígon de Cheste, al carrer es podia veure com el nivell de l'aigua anava pujant conforme anaven passant les hores. La majoria de treballadors eixien a moure els cotxes de lloc, per a situar-los damunt de les voreres per a poder tindre'ls a una altitud major i que no els entrara aigua en els seus vehicles. Va haver-hi diverses persones que malgrat moure els cotxes els va entrar aigua i veien complicat com salvar els seus cotxes d'eixa pluja torrencial.

Es van fer les dos del migdia, per a alguns havia acabat la seua jornada laboral per eixe dia, el cap de Javier va parlar amb ell per a veure si es podia quedar fins a les sis de la vesprada perquè el seu company, el que li rellevava no podia acudir al treball perquè era d'un poble on havia plogut moltíssim i les carreteres estaven inundades. Javier va acceptar quedar-se fins a les sis de la vesprada amb un company que també va tindre l'oportunitat de fer hores extres. Allà a les dos i quart de la vesprada, Javier va veure aparèixer per l'empresa a l'amo que va fundar l'empresa i a tres empresaris molt importants, ells anaven de visita aquell dia. Eren tots homes bastants majors, d'uns setanta anys aproximadament. Javier va anar a veure com continuava plovent sense parar, ell va pensar que era increïble com podia ploure tan fort i tant en tan poques hores.

Es van fer les sis de la vesprada, ell s'havia de tornar a casa amb la seua família, però malgrat la pluja li era impossible. Els carrers del polígon estaven totalment inundades de la quantitat immensa d'aigua que havia plogut. Ell i molta gent més, van prendre la decisió que havien de quedar-se eixa nit a dormir a la fàbrica, era impossible tornar a les seues cases. Javier va poder comunicar-se amb la seua família per a avisar que passaria la nit a la fàbrica, i li va explicar la causa d'aquell imprevist. Va estar tota la nit atent a les notícies que anaven comentant per una ràdio que tenien a la fàbrica. No tenia més paciència de quedar-se ací ni un minut més, ja que feia estona que havia parat de ploure allà per les dos de la matinada, ell i un company van decidir prendre rumb cap a les seues respectives cases. Van poder agafar els cotxes, per sort no els va entrar aigua, i als 3 km de la ruta amb cotxe, al lluny es veien moltes llums, llums roges, blaves i blanques, però d'una manera com si fora una muntanya de construccions, per la qual cosa van tindre un mal pensament i es van haver de tornar de camí de retorn una altra vegada a la fàbrica a passar la nit allí, ja que era impossible tornar a casa.

Quan va començar el dia, tots els treballadors estaven famolencs, portaven sense menjar des de l'hora del descans que serien les onze del matí del dia anterior. Van tindre una gran idea i van anar a una fàbrica pròxima de productes carnis, els treballadors van ser molt amables i els van oferir una mica de menjar que poguera menjar-se en fred, com salchichon, xoriço, … i així va anar com van poder calmar un poc la fam. Javier i el seu company que també era del mateix poble que ell, van decidir tornar a prendre rumb direcció a les seues cases, ja era de dia, sobre les dotze, es podia apreciar l'ocorregut en el dia anterior. Van haver de prendre una autovia per on havia passat tot, aquella autovia havia sigut l'A-3 que enllaçava amb l'AP-7, mentres anava conduint veia per la carretera obstacles que li impedien conduir normal, havien palets, cotxes bolcats i uns damunt d'uns altres, branques d'arbres i arbres, en definitiva obstacles bastant grans. No va poder fer el mateix recorregut com de normal feia, ja que en la carretera AP-7, de la quantitat d'aigua que hi havia per la carretera i la força que portava, va fer que la carretera es trencara i es partira per la meitat, deixant inhabilitat per a una circulació normal del trànsit.

Va aconseguir arribar a la seua casa, per sort, després de l'ocorregut. En arribar a casa, a Torrent, la seua família li va poder comptar al detall que és el que havia passat en el barranc, per sort per la zona on ell vivia no es va desbordar, però per la zona baixa de Torrent, és on va començar a desbordar-se i va arrasar amb els municipis confrontants, Aldaia, Alaquàs, Picanya, Paiporta, etc. Sí que va haver-hi bastants incidents a Torrent, es va esfondrar un pont, algunes carreteres van ser també trencades per la força i la quantitat que portava l'aigua. En definitiva, eixa nit la gent va passar una por tremenda. Als pobles pròxims a Torrent, va haver-hi inundacions, cotxes atrapats, gent intentant eixir viva del corrent de l'aigua, gent que es va ofegar, molts danys materials. Tot això va portar a una increïble catàstrofe, feia anys que no s'havia vist una riuada de tant d'impacte tan nociva. El problema va ser que en les agències de meteorologia s'anava avisant que hi havia alerta roja, però la gent no es feia ni la més mínima idea que anava a ser de tan gran impacte. A part, van sonar les alarmes en tots els dispositius electrònics de tots els valencians bastant tard, quan ja havien pobles inundats i gent que ja estava ofegada o que estava intentant salvar les seues vides. Tots els municipis desprès de l'ocorregut estaven plens de fang en quantitats immenses, milers de

ILUSTRACIÓN 31. ESTADO DE LA CARRETERA.

voluntaris van decidir anar a ajudar als més afectats per esta tràgica DANA, va ser un gran suport que van tindre els afectats.

Javier, als dos dies següents, es va assabentar per la pàgina web de l'empresa que l'amo fundador de la seua empresa i els tres empresaris havien desaparegut, el dia 29 d'octubre, eixos homes després de la visita en l'empresa, es van anar de menjar a un restaurant a Chiva. Després de dies buscant als quatre empresaris, els van trobar morts, se'ls havia emportats l'aigua d'aquella tremenda riuada. Ara l'únic que podien fer és descansar en pau per l'ocorregut. Va ser una catàstrofe molt danyina per a tots, però més per a la gent que ha perdut familiars i a tingut danys materials.

# 140km de solidaritat

Maria Avargues LLopis

El dilluns 28 d'Octubre quan vaig arribar a casa vaig cridar als meus pares com acostume a fer totes les nits. Ela vaig dir que acabaven de suspendre les classes de la universitat ja que estàvem en alerta 3, ells em van dir que no isquera de casa al dia següent i així ho vaig fer jo. Aquell dimarts, quan va botar l'alarma als telèfons mòbils als mus pares ja els havien arribat vídeos del desastre que estava succeint. A partir d'eixe instant al viure lluny de la meua gent, tot el món va començar a preocupar-se però agraciadament el desastre no va arribar a València ciutat i jo em trobava allí. Però just en aquell moment centenars de persones estaven perdent la seua llar, els negocis els cotxes i fins i tot alguns malauradament la vida. Tots vam patir uns dies angoixants, però per fi el dijous 31, vaig poder partir cap a Calp, ma casa on es trobava la meua família i els meus. Quan vaig eixir al carrer tot el món estava molt preocupat per aquesta catàstrofe i molts es preguntaven com podien ajudar. Per això, l'ajuntament des de aquell divendres va obrir un punt de recollida, on moltíssima gent es va bolcar i van donar des de dines, aliments, roba, mantes i tot el que aquell moment es demanava. També empreses de neteja amb gran maquinaria van prendre rumb per anar a ajudar a llevar fang. Al dia següent de la recollida, van demanar voluntaris per ajudar traslladar tot el recollit als camions que les empreses estaven deixant i allí vam anar jo i la meua família. L'ajuntament havia habilitat una part del poliesportiu, i hi havia una gran cadena de persones ajudant a carregar els camions. Una imatge impactant ja que a 140km tantíssimes persones deixaren la seua vida per ajudar a gent que ni coneixien. Al final des de Calp van partir uns 35 camions amb material per repartir. D'altra banda, en el poble també es va crear un grup de WhatsApp on tots els dies eixien unes 50 persones a les 6 del matí des de Calp per a anar a ajudar a llevar tot el fang. Cal destacar l'ajuda de la Cofradia de pescadors, que van anar en els seus dies de descans a ajudar amb tot el material que ells tenen, i moltíssima gent que no ha dubtat en anar a tirar una mà. I com diu una frase que em escoltat molt durant estos horribles

IL·LUSTRACIÓ 32.UNA IMATGE DE LA PART DEL POLIESPORTIU DE CALP I ALTRA ELS VOLUNTARIS DE LA COFRADIA DE PESCADORS EN PAIPORTA.

dies: "El poble salva al poble".

# Un poble solidari
Aitana Gómez Negrete

Valencia una província plena d'alegria, festa i felicitat a quedat destruida per una Dana el passat 29 d'octubre. Moltes persones que viuen generalment a l'horta sud han perdut la seua casa, els seus treballs, els seus sers volguts. També s'ha perdut tradició, cultura i espais públics. Davant d'aquesta situació el poble valencià ens en mantes fort i tots hem aportat el nostre granet d'arena.

IL·LUSTRACIÓ **33**. CATARROJA EL **30** D'OCTUBRE.

Durant aquests dies nosaltres veiem grans ones de gent que va caminant per la carretera a fi de poder ajudar als pobles afectats. Els voluntaris van a llevar el fang de les cases i dels carrers, també porten menjar, productes de neteja, roba neta i inclús joguets per als més menuts que no entenen aquesta situació, ens reparteixen abraçades per a qui ho necessite i s'escolta a les persones que necessiten parlar. A més a més de estar present nosaltres, la gent de Valencia han vingut milers i milers de voluntaris de tota espanya i fins i tot, de tot el món. Els quals arriben amb moltes ganes de treballar i d'ajudar. El Valencians ens sentim infinitament agraïts per la seua col·laboració.

També hi ha persones que no podem anar a les zones afectades per diferents qüestions, com per exemple: per que pateixen enfermetats, per que no estem preparats psicològicament per a anar, altres moltes raons i no passa res. Molts de nosaltres ens hem sentit malament per no poder fer-lo però podem ajudar d'altres formes com a través de la existència de molts puestos de recollida de menjar, de roba i de productes de neteja. També podem donar diners a fundacions com la creu roja o a projectes destinats a la l'ajuda com el que està fent la federació de bandes, ajuda a les bandes damnificades, recollint diners a través de les societats musicals que no han sigut afectades. Moltes d'aquestes durant les últimes setmanes hem fet concerts on tota la recaudació ha anat a parar a la recollida, a més hem posat vidrioles solidaries a la porta dels concerts. Una altra opció que hem pogut desenvolupar és participar com a voluntaris als punts de recollida per a ajudar en la col·locació de les diferents coses que arriben i per a organitzar les caixes o pujar-les dins dels camions o cotxes que porten les porten als pobles afectats, com el que es va crear Vidrioles solidaries a la meua societat musical. Fins i tot des de la nostra casa amb un dispositiu mòbil hem difundit la informació important a les nostres xarxes socials, no obstant això, és molt important fer-lo comprovant primer que es una informació verídica i que no es tracta d'un bulo. Finalment, trobem a molts psicòlegs que ofereixen la seua ajuda per a les persones que les necessiten amb consultes gratuïtes.

IL·LUSTRACIÓ 34. VIDRIOLES SOLIDARIES.

IL·LUSTRACIÓ 35. VOLUNTARIS A PAIPORTA.

En definitiva el poble esta salvant al poble i junts podrem superar aquesta situació per a tornar l'alegria, la tradició i la il·lusió tant característica del nostre poble, el valencià.

# El diluvio solidario

Carla Alepuz Pérez

El pasado lunes, 28 de octubre, todos los estudiantes de la universidad de Valencia recibimos una notificación, en la que se nos comunicaba que se suspendían las clases al día siguiente, ya que la alerta se había elevado a nivel 3. La verdad es que me quedé extrañada, pues no llovía en abundancia. Sinceramente, ni yo ni nadie se esperaba lo que iba a suceder.

Al día siguiente, las personas continuaron su vida como un día más, pero entonces a lo largo del día se fueron notificando distintos avisos de alarma advirtiendo de mal temporal, así avanzo la tarde, hasta que se hizo de noche y sonó una fuerte alarma en nuestros móviles, nos quedamos asustados y es que el temporal por los pueblos del sur de Valencia era realmente peligroso.

Era inimaginable lo que ocurrió en una ciudad como Valencia, tan soleada y alegre, de repente la tarde del 29 de octubre se convirtió oscura, llena de terror y tristeza. Llovió bastante y además distintos ríos se empezaron a desbordar llegando el agua a diferentes pueblos, lo cual provocó inundaciones, familias a las que les empezaba a entrar el agua en sus viviendas, coches flotando y desgraciadamente diversas personas fallecieron. Esa misma tarde, familiares míos que viven en poblaciones afectadas nos llamaron y nos enviaron vídeos contándonos que les estaba entrando agua en sus casas, por suerte tuvieron los mínimos daños posibles. Nos lo contaban y parecía una película de ciencia ficción lo que estaba ocurriendo, no nos lo podíamos creer. Esa tarde-noche acabé con mal de cuerpo y me entraban escalofríos mientras veíamos las noticias, cada suceso que contaban hacían que la magnitud del desastre aumentará por momentos.

Días después, la alerta continuaba activa y es que tras lo sucedido no se podía continuar con la vida cotidiana, pues la DANA ha destrozado numerosos pueblos con sus casas, comercios, colegios, empresas, etc.

Además de dejar una desagradable huella imborrable en todos los habitantes de los municipios afectados. Dadas las circunstancias, la sociedad se volcó al completo con la causa, desde personas desplazándose hasta los pueblos para ayudar a quitar barro, hasta muchísimas asociaciones y ONG's que colaboraron con la causa realizando recogida de alimentos, ropa, productos de limpieza, etc. Durante el fin de semana, el Valencia CF y el Banco de Alimentos de Valencia se unieron e hicieron que el Mestalla se convirtiera en un punto de recogida de productos de primera necesidad para los ciudadanos de los municipios más perjudicados. Al enterarnos, ese mismo sábado, junto con mi familia fui al supermercado para realizar una compra y aportar nuestro granito de arena, compramos y fuimos en coche hasta Mestalla para entregar la compra, los voluntarios estaban muy bien organizados y en cuanto llegamos cada ayuda que se recibía era una alegría, en un momento fue descargada y la verdad es que fue muy emocionante ver cómo había tanta gente implicada y unida para ayudar a personas que ni siquiera conocíamos. Al ver que nosotros mismos podíamos unirnos al grupo de voluntarios en Mestalla realizando cadenas humanas y colaborando a organizar los recursos, no dudamos ni un instante mi madre y yo en ir de voluntarias, así que el domingo allí nos presentamos y nos ofrecimos esa mañana a participar, fue una mañana muy completa en la que descargamos de camiones y furgonetas, que venían desde cualquier punto de España, productos esenciales para las familias afectadas, fue una experiencia muy gratificante.

La verdad, es que los ciudadanos tanto de la Comunidad Valenciana como del resto de España respondieron a la altura de lo ocurrido. Las redes sociales se inundaron de distintas iniciativas para visibilizar y ayudar, tanto de atención psicológica, educacionales, profesionales, servicios para facilitar la tramitación de ayudas económicas, etc. Se ha podido ver en su pura esencia la empatía y generosidad de la sociedad.

Tras esta experiencia, recordamos una lección de vida. Nos hace darnos cuenta de lo frágil que es la vida y de lo importante que es valorar cada momento cotidiano. Pues en un abrir y cerrar de ojos, sueños se desvanecieron y vidas se apagaron, dejando un inmenso vacío.

# El gran canvi de València

Miriam Cano Alcalá

Després de les nombroses alertes de plutjes que havien donat els meteoròlegs, la DANA va arribar a València al llarg del 29 d'octubre amb molta més força del que s'havia previst. La gent no contava amb que la situació fora a ser tan extrema i per això no es van prendre les precaucions adequades. Aquesta situació no hauria sigut tan desastrosa si no s'haguera desbordat el barranc del Poyo, que es va portar nombrosos pobles per davant com Paiporta, Xiva o Aldaia entre molts altres. Desgraciadament, la gent no va tindre molt de temps per a reaccionar ja que en qüestió d'uns pocs minuts estava tot inundat, i les persones que es trobaven al carrer o als vehicles tornant de treballar van córrer un greu perill. Moltes d'aquestes van tindre la sort de que veïns o inclús desconeguts els van ajudar i acollir en la seua llar, però moltes altres no van tindre la mateixa sort i no van poder ser rescatades a temps.

El meu propi cosí aquella vesprada es trobava a Paiporta comprant material per a arreglar el seu cotxe després d'eixir de treballar i en aquell moment no plovia ni res. En qüestió de minuts, quan va eixir de la tenda, l'aigua que havia sigut arrossegada pel barranc ja estava corrent a gran velocitat pels carrers. Va decidir no agafar el cotxe per a tractar d'eixir del poble i va aconseguir arribar a un portal que es trobava obert. En aquest moment l'aigua ja l'arribava més o menys per la cintura i un senyor d'aquell edifici li va obrir les portes de la seua casa per a que es quedara allí. Si no arriba a ser per la seua decisió de deixar el cotxe, probablement la situació haguera sigut molt diferent. Ací vull recalcar la importància de la vida enfront de les coses materials ja que desgraciadament moltes persones no l'han prioritzat i a ocorregut una tragèdia.

IL·LUSTRACIÓ 36. IMATGE DELS CARRERS DESTROSSATS.

Però si alguna cosa positiva ha portat la DANA és la gran unió dels espanyols enfront a la situació. S'han realitzat nombroses donacions d'aliments, roba, materials, medicaments, etc. en tota Espanya. A més, moltíssims voluntaris (no només de les parts de València que no han sigut afectades sinó de tota Espanya) han anat als pobles a ajudar. Sinó fora pels voluntaris molts pobles hagueren estat molt més temps incomunicats i en pitjors condicions. Han fallat moltes coses com la previsió o la neteja de les clavegueres o barrancs que han fet més greu la situació, però especialment ha fallat la coordinació per part d'aquelles persones que tenen el poder. Sinó fora per aquesta falta de coordinació, probablement s'haguera accedit abans a les zones afectades i les probabilitats de trobar supervivents hagueren sigut majors.

IL·LUSTRACIÓ **37.** Imatge prèvia a la retirada de cotxes.

És molt important que els errors que s'han produït aquesta vegada s'estudien i es tracten de canviar per a que si hi ha una altra DANA no ens torne a passar el mateix. I es que les probabilitats de que haguen DANES cada any que passa són majors degut al canvi climàtic.

Per últim, no hem d'oblidar que hi ha moltes persones que ho han perdut tot i que hem de continuar ajudant-les en tot el que estiga en les nostres mans.

# Ajudes placebo en pobles a zero

Pau Castelblanque

Martes, 29 d'octubre vaig despertar a les 6:00 al alba per eixir a córrer igual de tranquil com qualsevol dia, amb la tranquil·litat que proporciona la teua ciutat, el teu nucli, entorn, barri o senzillament zona de confort.

Tot va canviar quan passaren les hores, eixa felicitat que provoca la alliberació d'endorfines provocada per l'esport hui es sentia estranya. Per què no asoma el sol? Ja feia temps que deuria de eixir...

Vaig arribar a casa, aquell dia no havia classe. Des de la universitat havien pres la precaució de anular la docència degut a les condicions meteorològiques que amenaçaven Valencia.

Continuaren passant les hores, i el sol encara no eixia. Aquell dia comú estava començant a transformar-se en un dia trist, de aquells que no vols recordar però encara no arribava a entendre perquè. El temps no acompanya però no pot ser tan grau, ni tan sols ha caigut una gota de pluja, que esta passant?

Valencia es sentia estranya. Carres buits, negocis tancats, núvols per tota la ciutat, xiquets obligats a estar als seus domicilis...

La sensació aquell dia era casi epidèmica, i totes les actuacions dels ciutadans ho confirmaven rotundament.

Continuaren passant les hores però el temps no millorava, un "temps de gossos", un de tants que atenuen a Valencia par de colps al any sense provocar res més que uns dies de tranquil·litat i tristesa en la mateixa mida, una sensació que es repeteix cada any quan canvien les estacions, però encara ningú sabia que aquell dia seria diferent, que aquell 29 d'octubre el recordaríem tota la vida.

Tot va canviar quan a les 20:11 de aquella vesprada tots els telèfons començaren a pitar amb un missatge molt clar, NO ISQUEU DE CASA.

I els ignorants valencianots de cuitat com jo ens preguntarem, que esta passant?

Sense informació contrastada, sense cobertura en moltes parts de la província , sense poder contactar amb les nostres famílies, una sensació apocalíptica tot i que no em trobava a la zona cero.

Però no seria fins la següent hora que em vaig assabentar de la situació.

Pobles inundats, gent als carrers, negocis destorçats, cotxes flotant. Com ha pogut succeir, en que moment?

No entenia res, però tampoc sabia com remeiar-ho, com vas a remeiar un desastre de aquestes dimensions, que pots fer, com pots ajudar?

Moltes preguntes sense cap resposta, el gran titular de tot el que passaria després.

Tot i que em trobava preocupat per el succés no valorava la gravetat del assumpte. Però tot va canviar quan vaig començar a pensar en els pobles afectats, i en la meua gent de aquells pobles. Estarien bé? Cóm comunique amb ells?

Tota Valencia doncs va iniciar un estat de pànic difícil de controlar liderat per la ràbia de un poble que verdaderament estima al poble i a la seua gent. Primer als nostres essers més pròxims, però també a la gent corrent que havia perdut tot. Negocis que comportaven el treball de una vida, escoles que educaven a les persones del futur, llocs ples de records infantils que mai es tornaran a mirar amb els mateixos ulls melancòlics.

Però aquell dia solament era el principi, el antecedent a una cadena de bondat i amor per la terra.

Els posteriors dies, tota Valencia i molta gent de altres llocs de Espanya vam volcar-nos per aportar el nostre granit de arena.

Amb un cúmul de sensacions contrastades provocades per la incompetència política de un estat capitalista on els nostres representants han prioritzat els seus estàndards i la seua imatge a la població trencada i aglutinada de desgracies que els havia proporcionat el poder que hui en dia tenen.

Estats de ràbia per no poder fer res més, de tristesa per veure a la gent completament destrossada, de inutilitat al veure com el nostre treball no feia efecte. Però sempre amb el sentiment dominant de pertinència, de actuar com una família i de recollir els cristalls trencats que els de damunt han trencat amb les seues gestions.

Hui, 23 de novembre ja ha passat quasi un mes del terrible succés que va posar a tota Espanya en alerta i a tota la província en *stand by* i encara falta molt per fer.

No podem permetre que aquesta situació s'oblide, perquè Valencia ja no va a tornar a ser la mateixa. Hem plorat, treballat, col·laborat i tot per la nostra terra, no podem sinó exigir menys que respecte i ajuda i encara que la ajuda placebo de els que diuen "sentir-lo molt" ja haja sigut proporcionada hem de unir-nos per exigir més, per exigir-ho tot. Falten medis , diners i moltes més actuacions que no depenen del poble però si depèn la manera en que alcem la veu per fer-ho.

El poble salva al poble, Valencia no oblida.

# La meua experiència amb la DANA

Júlia Cerdá Castells

Tot va començar el dilluns 28 d'octubre del 2024. Cap a finals de la vesprada, vaig rebre un correu de la universitat en el qual deia que les classes quedaren cancel·lades a causa de l'oratge. El dimarts 29 hem vaig despertar com un dia més, vaig pujar la persiana de la meua habitació i feia sol a València capital. El que no sabia era que, unes hores després a pocs Kilòmetres de mi, vindria una onada d'aigua que acabaria amb moltes vivendes i desgraciadament amb la vida de moltes persones.

Dimarts 29 d'octubre. Des de la meua habitació tot pareixia normal, feia bon oratge, un poc d'aire però res més. En canvi, cap a la vesprada, mitjançant els telèfons mòbils, cada vegada s'hi passaven més vídeos i imatges de carreteres, pobles, carrers, vivendes i inclús persones que eren emportades per l'aigua. Jo mirava el mòbil i alçava la mirada per veure el temps però continuava igual. La situació cada vegada empitjorava, començava a eixir a tots els canals de televisió. Jo, sola a València, hem comunicava amb la meua família per assegurar-me que tots estaven bé i de sobte... un soroll molt fort donà llum al ameu mòbil, començà a sonar una alarma a tot l'edifici. La sensació de por anava en augment, el meu cap soles feia que projectar imatges sobre aquesta catàstrofe, sols volia que estar a casa, amb la meua família, tots junts, però això no va poder ser fins al cap de setmana. La setmana passava, cada vegada a les noticies la xifra de morts augmentava al igual la quantitat d'imatges devastadores on veies els pobles arrasats.

No ajudar no era una opció per a mi, així que amb un grup d'amigues anàrem a diferents pobles per subministrar aliments i passarem el dia llevant fang. Allí, la situació era molt més impactant que a la televisió. Veies a les famílies plorant entre els braços per haver-se retrobat, altres per la desaparició d'algun familiar... i nosaltres, sols podíem ajudar i donar- los suport.

IL·LUSTRACIÓ 38.IMATGE D'UN PARC A PAIPORTA DESPRÉS DE LA **DANA**.

Finalment, aconseguí anar al meu poble, estar amb la meua família i poder donar-los un dels abraços més llargs i forts que he donat. Al llarg de la setmana següent, vam vindre tots els dies per continuar ajudant a les altres famílies en el que poguérem. Tots junt aconseguirem buidar una casa i eixa família quedà molt contenta. La DANA ha sigut una catàstrofe que mai m'haguera agradat viure però m'he adonat que València s'ha unit més que mai i que tots junts ajudarem als pobles afectats per poder seguir endavant.

# Tan a prop i alhora tan lluny

Dani Chicano

Aquell estrany 29 de octubre, jo em trobava a Valencia amb els meus companys de pis, estava siguent un dimarts com qualsevol fins que de sobte, unes imatges i vídeos van començar a córrer per les xarxes socials. Eren vídeos devastadors de gent de la nostra terra als que nosaltres vam reaccionar incrèduls, ja que des de la nostra ubicació a aquests municipis hi ha una duració màxima de 15 minuts a peu i nosaltres no havíem vist caure ni una gota d'aigua del cel.

No va ser fins al divendres de nit que vam poder eixir de Valencia en direcció al nostre poble, L'Alcúdia de Crespins des d'on ara si, ens vam equipar amb pales, graneres, botes i bosses plenes d'aigua, bolquers, menjar... Junt a un gran nombre de veïns voluntaris vam anar cap a Algemesí. Recorde la cara dels meus amics, que deuria ser com la meua, de incredulitat front a tot el que veiem. No érem capaços d'assimilar tot el que havia passat allí, era com una realitat paral·lela a la que hi havia al nostre poble, que estava a penes 20 minuts en cotxe. Ràpidament vam recordar perquè hi érem allí i vam ajudar en tot allò que vam poder i més. Ja tornant, de veure tal devastació, vam veure que un dia no era res i vam tornar a ajudar 4 dies més, aprofitant cada disponibilitat de vehicle per anar cap allí.

Il·lustració 39.

Il·lustració 40.

M'agradaria recalcar la abrumant hospitalitat de tots els veïns que inclús amb la casa feta pols oferien aigua inclús diners per haver-los ajudat. També, com no pot ser d'altra manera, la incondicional ajuda de voluntaris de tota Espanya, com per exemple l'autor d'aquesta obra. Un home de Albarracín, que després de embrutar-se les mans de fang agranant el carrer, va decidir deixar aquesta petjada a la casa d'un veí de Catarroja, reivindicant que l'art arriba i està present inclús en temps i escenaris d'aquesta magnitud.

# Els minuts que van canviar la meua vida
Sarah Comino Aparicio

29 d'octubre de 2024, molta gent jove, com jo, estava contenta perquè no hi havia classes. Em vaig alçar a l'hora que vaig voler i vaig fer el que vaig voler durant tot el matí. La vesprada es plantejava com una més, amb la mateixa rutina, en el meu cas, anar a la piscina.

Era un dimarts i com tots el dimarts jo anava a la piscina per la vesprada, i menys mal que no ho vaig fer. Cap a les sis de la vesprada la llum se'n va anar, jo pensava que seria durant uns minuts, que equivocada estava.

Poc després un missatge del meu pare dient que no tornava a casa i que el seu cotxe estava ple d'aigua ens tindria que haver alertat, però no ho va fer.

Estava al balcó de ma casa quan molts cotxes es quedaven damunt del pont sense menejar-se, pujant-se al lloc dels vianants i quedant-se allà amunt. Quina sort o quina audàcia hi van tindre.

IL·LUSTRACIÓ **41**. LA VIDA UNA SETMANA DESPRÉS DE LA CATÀSTROFE.

Segons després l'aigua començà a entrar pel final de l'avinguda País Valencià de Sedaví. Ma mare i jo al balcó quan va saltar el avís però ja no hi havia res a fer. L'aigua se'n portava els cotxes i tot el que hi havia al seu camí.

Tremolant i plorant observava com el cotxe de ma mare desapareixia i els crits del meus veïns quasi no s'escoltaven degut a la força del aigua. La nit es passà entre malsons i angoixa. El matí següent ja no hi havia res del que recordava. El lloc on hi havia crescut ja no existia.

I ara tocava el pitjor, intentar localitzar a tots els meus estimats, el primer, el meu pare que estava tancat al treball. Va trucar poc després, que hi estava bé i que tornava caminant a casa. Desprès les àvies, les ties, els cosins i els amics.

Segurament, el dia 30 d'octubre de 2024 haja sigut el dia més angoixant de la meua vida. Cada vegada que eixia la balcó només veia piles de cotxes destruïts i carrers ple de fango. Poc a poc arribava l'ajuda i la gent eixia al carrer. Mai tornarà a ser el poble que recorde amb molt amor. Ara toca començar de nou, crear nous records i donar vida a un poble que se li han llevat.

L'angoixa encara està present, al igual que la por. Però, també hi ha ganes i il·lusió per tornar a crear memòries al poble que m'ha vist créixer.

Com diuen: l'esperança és l'últim que es perd. I en aquest cas es una de les frases que més tinc present.

# Tots a una veu
Aroa Egea March

El 29 d'octubre de 2024 va començar com qualsevol altre dia a València. Malgrat l'alerta roja per la DANA, la ciutat seguia el seu ritme habitual. Els carrers estaven plens de persones anant al treball, fent compres, passejant i gaudint del dia. Tot semblava sota control, fins que el que era una simple amenaça es va convertir en un malson.

A les 20:12h, els mòbils van començar a sonar amb una alerta per fortes precipitacions que va arribar massa tard. No obstant això, el que la ciutat necessitava saber era que les preses i els rius, desbordats des de feia hores, portaven una ona de destrucció. L'alerta, insuficient i tardana, va sembrar el caos. Milers de persones es van llançar a les carreteres intentant tornar a casa, sense saber que moltes d'eixes rutes estaven ja preses per l'aigua, quedant-se desafortunadament en el camí. Carreteres col·lapsades, persones atrapades en vehicles, la desesperació d'intentar protegir el que ja s'estava perdent.

El barranc del Poyo, desbordat des de feia hores, ja havia colpejat a diverses localitats quan l'alerta va arribar. L'aigua irrompia en les llars sense pietat, emportant-se amb si records, vides i somnis sencers. Mentres, altres pobles, secs i confosos, no podien creure el que sentien en les notícies, conscients que la tragèdia sacudia fortament.

La reacció dels polítics: nul·la. Els valencians miràvem impotents com les nostres vides es dissolien en el fang mentres els responsables s'enredaven en discussions buides, tirant-se les culpes els uns als altres. Promeses d'ajuda es feien en veu alta, però als carrers l'única cosa que ressonava era l'esforç de milers de voluntaris que, sense dubtar, es van llançar a netejar enderrocs, a rescatar el que es sacsejava salvar, a oferir roba i consol. Els valencians, fidels a la nostra terra, vam respondre amb pales, amb mans tremoloses però fermes i llàgrimes contingudes.

València ja no era roja, ni blava, ni morada, ni verda; València era fang. La ciutat, abans dividida per colors polítics, es va unir en una sola veu d'indignació i coratge. Ningú esperava l'ajuda de dalt, perquè sabíem que l'única mà estesa era la del veí, la de l'amic, la del desconegut que també ho havia perdut tot. "El poble salva al poble" es va convertir en el lema dels dies que van seguir, mentres passaven setmanes de neteja, solidaritat i resistència.

És dolorós veure com la vida de tantes persones es destroça en minuts o com les promeses polítiques s'esvaïxen. Ajudes internacionals rebutjades i milions d'euros donats que mai arribaran als necessitats. I és que esta és la crua realitat, això és Espanya, això és un país que ofereix ajuda a tots els països menys al seu mateix. Al final només quedem els de sempre: el poble.

Han encès la flama en la terra de la pólvora i València lluitarà. Ens van dir 'Valencians en peu alcem-se i València sencera es va alçar. Mai ens hem rendit i no ho farem ara. Encara que el fang cobrisca els nostres carrers i els nostres records, la força del nostre poble continua viva. Tots junts som més forts.

IL·LUSTRACIÓ **42.** SOLIDARITAT I AMOR.

# Experiència
Claudia Lázaro

El dimarts 29 d'octubre semblava que anava a ser un dia com un altre qualsevol; no obstant això, no ho va ser. Arribades les huit de la vesprada van començar a ressonar els telèfons de tota la meua família, a l'unison. Vaig comentar amb les meues amigues i a elles també els havien manat el senyal d'alarma. Sincerament, jo mai em vaig imaginar el que passaria, o el que en eixe moment ja estava passant. Normalment, la nostra ciutat sempre està plena de llum i plou menys d'una setmana durant tot l'any, així que no estava gens preocupada per l'alarma. No obstant això, van començar a arribar vídeos, les xarxes socials es van inundar de fotos que reflectien l'infern que, a tan sols deu o quinze minuts amb cotxe, estaven vivint els nostres paisans. La meua ment es va veure abarrotada de pensaments terrorífics i preocupació, ja que encara que jo no estava en eixa situació, sàvia de gent molt pròxima que sí estava patint-ho.

IL·LUSTRACIÓ 43. FOTO DEL PRIMER DIVENDRES DESPRÉS DE LA CATÀSTROFE

Una setmana enrere estava esperant ansiosament que arribara eixe cap de setmana, perquè pel pont la meua família i alguns amics ens anàvem de viatge a Irlanda, però ara, haguera preferit que no haguesi arribat eixe moment. El dijous rumb a Irlanda només pensava en totes aquelles persones que havien perdut tot i a tots aquells que havien perdut a algú pròxim. Em vaig passar el viatge de cos present a l'estranger però el cap totalment desviat cap a la meua terra. Plorava quasi totes les nits d'importància i culpabilitat per no estar allí ajudant la gent que ho necessitava. Afortunadament, tinc unes meravelloses amigues que van estar llevant el fang i acostant el muscle tot el cap de setmana sense descans.

Quan per fi vam tornar del viatge, estava desesperada per anar a ajudar i eixe mateix dimarts, una setmana després de la catàstrofe, vaig agafar un bus acompanyada per una amiga i ens van plantar a Paiporta per a ajudar en tot el que fora a la nostra mà. Les meues amigues, les quals ja havien acudit abans, em van advertir que elles havien tingut malsons i que dormien malament des que van veure allò, però jo sentia la necessitat d'anar i ajudar i em sentia prou fort mentalment per a acudir. En arribar vaig sentir que estàvem en un altre món ple de devastació i destrucció. El primer que vaig fer va ser portar algunes coses a la família d'una companya del meu equip, Irene, ja que necessitava bombones de gas. En cridar al timbre em va obrir la porta la mare de la meua amiga i el primer que va fer és posar-se a plorar i donar-me un fort abraç.

No he sentit tantes "gràcies" en un dia, com eixe dimarts. Malgrat tot el dolor causat, els afectats et miraven sempre amb un somriure i t'agraïen tot el que feres per xicotet que fora.

Crec que no hi havia hagut una ona de solidaritat a Espanya com aquesta des de fa molt i si és que alguna vegada n'hi va haver. Igual que els vídeos de desolació el primer dia que va ocòrrer tot, dies després, a les xarxes socials també es van veure marees de persones carregades amb rasclets i pales disposades a transformar les seues obligacions i fer costat a totes les persones afectades. Persones de tota Espanya i de tot el món caminaven hores i hores només per a intentar apagar la foscor que havia enfosquit una terra que es caracteritza pels focs artificials i les festes.

Molts valencians als quals afortunadament no ens ha afectat directament, perquè afectar, ens ha afectat a tots, ens sentim culpables per no ser nosaltres els danyats en comptes dels quals els ha tocat. Encara que jo no haja salvat a ningú o no haja sobreviscut a un corrent d'aigua, crec que la veu que tinc i la perspectiva que jo he viscut també té un lloc per a comunicar i explicar el que sentim aquelles persones que estàvem a l'altre costat del riu.

Han passat ja dos setmanes i encara fa falta ajuda per a netejar i entregar menjar a les cases. Escric això un dia després que una altra alarma envaïra els nostres dispositius i després d'haver passat una nit nerviosa i pensant que la situació podria ser repetida. València no ha de ser oblidada igual que ara Màlaga i moltes altres zones afectades. Espere que esta solidaritat dure molt i si és per sempre millor.

IL·LUSTRACIÓ **44**. VOLUNTARIS CONTINUEN ACUDINT UNA SETMANA DESPRÉS (5/11/24).

IL·LUSTRACIÓ **45**. ANYS DE TREBALL ECLAFATS ENTRE FANG.

# El impacto de la tormenta invisible
## Laura Castillo Ibañez

Todo empezó la tarde del martes 29 de octubre de 2024 con alerta 3 en Valencia por fuertes lluvias (DANA). Estaba en Massanassa, en mi casa cuando unos amigos de mis padres nos avisaron del posible desborde del barranco. Nos asustamos bastante, ya que yo vivo en un bajo a 10 metros del barranco el Poyo. A las 16:30 salimos a la calle a ver qué cantidad de agua llevaba en ese momento y vimos que aún le quedaba mucho espacio para llegar hasta arriba. Ese día yo tenía entrenamiento a las 18:00 en Valencia, ya que supuestamente a partir de esa hora ya no había ni alerta ni peligro, pero por miedo no fui, y menos mal... Con el miedo en el cuerpo, nos arreglamos y merendamos bien por si tuviéramos que pasar la noche fuera de casa.

ILUSTRACIÓN 46. BARRANCO A LAS 16:30.

Durante la tarde fuimos mirando la ventana para poder ir vigilando si subía el agua. A las 18:36 mi padre escucho un fuerte ruido de agua y se asomó cuando de repente dijo ¡El barranco ya se está saliendo!, y rápidamente cogimos lo más básico y subimos al segundo piso de la finca. Muchos vecinos salieron corriendo para poder coger el coche y llevarlo al centro del pueblo, ya que "era el lugar más seguro".

Cerramos la puerta del patio y la sellaron como pudieron entre varios vecinos y empezaron a achicar agua al desagüe del patio para intentar que no se inundara. Pocos minutos después, la luz y la cobertura se fueron. Cada minuto que iba pasando, el miedo iba aumentando, pero sabíamos que teníamos que ser fuertes y seguir achicando agua para que no subiera más y estar a salvo.

ILUSTRACIÓN 47. BARRANCO A LAS 19:00.

A las 20:00 todos los móviles empezaron a pitar muy fuerte, ¡era la alarma de la guardia civil! Avisando del posible desbordamiento. Esto solo hizo que hubiese más pánico, nosotros ya llevábamos 1 h y media sin luz y sin cobertura, y llegaba ahora el aviso...

Con el trabajo de todos los vecinos conseguimos que no entrara más agua en el patio y poniendo a salvo los bajos (incluida mi casa), pero no podíamos relajarnos, ya que veíamos que en la calle había aproximadamente 70 cm de agua y en cualquier momento podía subir.

En ese momento que estábamos todos los vecinos unidos para poder salvarnos, en realidad, no éramos conscientes de todo lo que estaba pasando, porque nosotros tenemos el barranco muy cerca, pero en ningún momento pensamos lo lejos que estaba llegando.

Fue una noche muy larga de miedo, pánico, inseguridad... Pero gracias a dios estábamos a salvo.

A la mañana siguiente seguíamos sin agua y sin luz. Subimos a la terraza de arriba de la finca para ver cómo había quedado todo, y lo que vi se me ha quedado marcado de por vida. Todo estaba lleno de barro, cañas, objetos de casas que se habían inundado, coches amontonados, la vía del tren destruida, el puente peatonal caído... Y lo más impactante fue ver a gente con carros para poder saquear las pocas tiendas que se habían salvado o incluso coger objetos que había entre las cañas. El bando del pueblo no paraba de sonar, pidiendo que la gente no saliese de casa, que acudieran médicos y psicólogos al ayuntamiento, que todos mantuviéramos la calma...

ILUSTRACIÓN 48. IMAGEN DE LA MAÑANA SIGUIENTE.

A los días, el pánico empezó a aparecer, porque seguíamos sin luz, agua ni cobertura. Cada vez teníamos menos comida y veíamos que estábamos solos, nadie venía a ayudarnos, ni la policía, ni los militares, ni los bomberos...

Cuando pasaron aproximadamente 2/3 días, empezaron a venir adolescentes de Valencia con palas, comida, agua... para poder ayudarnos.

Cada vez venían más voluntarios a ayudarnos e incluso venían de otras ciudades para traer comida, ropa, juguetes, agua... Y ahí en ese momento es cuando nos dimos cuenta de que El pueblo salva al Pueblo.

A los 6 días aparecieron los militares, policías, UME... bastante tarde, pero llegaron.

Actualmente, 25/11/2024, a 27 días de la catástrofe seguimos luchando para conseguir un poco de normalidad.

# Valencians en peu alçeu-se

Paula Íñiguez Molina

Un diumenge qualsevol, com de costum, la meua germana i jo estàvem fent la maleta per a pujar a València una setmana més. El dilluns vam anar a les classes de la universitat com qualsevol altre dia, sense saber que eixa setmana canviaria la vida de moltes persones, fins i tot la nostra. Tots esperàvem ansiosos que eixa setmana passara ràpid per a poder gaudir el pont de Tots Sants amb la família i amics, però al final va ser el menys important i en l'última cosa en la qual podíem pensar.

El dimarts 29 d'octubre, van començar les pluges, que encara que sabíem que serien abundants no ens vam espantar, ja que a València sempre s'ha dit que "plou poc, però per al poc que plou, plou prou", i ja ens havíem enfrontat a algunes pluges així, el que ningú s'esperava era el que estava per vindre.

A les 20h de la vesprada, tots els telèfons dels valencians van sonar a l'uníson degut a una alarma d'alerta per les pluges, encara que eixa alarma no va ser suficient per a alertar de les condicions meteorològiques, ja que a eixes hores molts pobles dels voltants de la gran ciutat ja havien patit les conseqüències d'esta Dana.

Totes les xarxes socials van començar a omplir-se de vídeos, fotos i àudios informant de la situació que estàvem vivint. Vaig començar a rebre cridades de gent pròxima informant-nos els uns als altres de la nostra situació per a tranquil·litzar-nos i saber que vam tindre la grandiosa sort de trobar-nos tots bé i no haver patit conseqüències per les pluges.

D'un moment a un altre vam poder observar com els carrers de sobte semblaven rius, el corrent arrossegava als cotxes i els fanals. En algunes zones l'aigua es va emportar la teulada d'alguna casa o establiments sencers, i fins i tot vam veure com el pont de Paiporta es va derrocar. Va ser ací quan va començar el veritable pànic i la preocupació, ja que a causa de la rapidesa amb la qual van sorgir estes catàstrofes moltes persones havien quedat incomuniques i desaparegudes, sense poder demanar ajuda a les autoritats.

Il·lustració 49.

Des d'eixa vesprada, mai vam poder pensar en una altra cosa que no fora en les persones afectades i en com podíem fer per a ajudar-los.

El matí del dimecres va tornar a sonar l'alarma dels telèfons a les 7h del matí, alertant que seguien les pluges. En eixe moment ja havia passat el "pitjor", encara que continuava plovent i continuaven havent-hi persones que necessitaven ajuda de les autoritats per a eixir de les seues cases.

La resta de persones no podíem deixar de sentir impotència i de pensar en diferents maneres per a ajudar, però ens era impossible fer-ho, almenys fins que no passara un temps.

Passats uns dies, ja vam poder anar a ajudar als afectats. Jo, amb les meues amigues vam decidim anar el dissabte al matí cap als pobles més afectats, començant per Catarroja.

Intentem ajudar de la millor forma que vam saber, agranant i netejant el fang, repartint menjar i aigua a aquelles persones que portaven dies sense poder menjar i sobretot intentant donar suport emocional, ja que no em volia ni imaginar com l'estarien passant després de perdre-ho tot.

També es podia ajudar donant roba en centres de recollida, tota la meua família va preparar unes caixes plenes de roba que pensarem els podria fer falta.

A més, el meu pare va anar com a ajudant mèdic, repartint material necessari per a netejar i passant consulta a les persones malaltes, administrant medicaments per a les possibles infeccions per les quals moltes persones es van contagiar.

No tinc paraules per a explicar el que se't passa pel cap quan vas a ajudar ni les seqüeles psicològiques que això comporta. Des que aplegues al poble fins que arribes a la teua casa t'envaïen els pensaments, la culpa i la necessitat d'estar sempre ajudant, per no parlar de les seqüeles psicològiques que això et deixa.

Ara que ja han passat unes setmanes i que a poc a poc les persones afectades van veient la llum al final de camí, puc dir amb moltíssim orgull lo afortunats que som per tindre'ns com a societat, ja que malgrat les diferències que puguen tindre les persones, sempre que necessitem ajuda som els primers que ens tirem una mà, els uns pels altres, i com bé diu el refrany "Hui per tu, demà per mi".

Il·lustració 50.

# El poble salva al poble

Sandra Lluch Cabrero

Les notícies havien avisat que s'aproximaven fortes pluges, però fins que el primer comunicat oficial no va fer ressonar tots els dispositius electrònics no ens imaginem com de greu podria ser la situació. La quantitat d'aigua que s'abocava sobre València va superar per molt el nivell esperat el que va provocar que molts individus es quedaren aïllats en els seus treballs, en supermercats, en garatges... totes aquestes persones van rebre el missatge, però el van fer massa tard. Els mitjans de comunicació van començar a comptar la situació en rigorós directe, atenent centenars de crides de persones que estaven atrapades i que buscaven poder comunicar-se de qualsevol forma perquè les línies d'emergències van col·lapsar. L'aigua continuava pujant. En la televisió i en xarxes socials apareixien (quan la internet no fallava) milers de vídeos de persones pujades al sostre dels seus cotxes, de persones rescatant a uns altres de la riuada utilitzant llençols des de les finestres, de persones subjectes a arbres o ruïnes... cada imatge més inquietant que l'anterior. Molts vam tindre la sort de poder dormir en un llit, fora de perill, secs, eixa nit. Però molts altres no. Els habitants de les zones més afectades (Paiporta, Torrent, Aldaia...) es van veure passant la nit fugint de l'aigua, buscant desesperadament als seus éssers estimats. L'endemà, la inoperància dels serveis estatals va ser evident, per això, milers de persones es van unir per a accedir a aquestes zones i poder ajudar als més afectats. Bé aportant aigua, menjar, articles d'higiene...o bé aportant mà d'obra per a remoure l'aigua i les escombraries que entorpien el pas (tant humà com el de l'aigua). València va cooperar per a tirar avant i prompte el lema "el poble salva al poble" va impregnar Internet. El govern seguia sense actuar de manera eficaç malgrat la indecent quantitat de morts que es trobaven (i que faltaven per trobar) als carrers de València. Els joves, en canvi, denominats anteriorment com a "generació de cristall" de manera pejorativa, van demostrar al món que eren més que capaços de marcar la diferència. Presencialment o no, la joventut no va tardar a buscar com col·laborar amb la causa. Després, els responsables de que aquesta catàstrofe succeïa a tal escala, aquells que no van avisar a la població amb marge ni van enviar els recursos suficients per a pal·liar els efectes de la DANA, es van deixar veure. Però únicament per a passar-se "la creïlla calenta" els uns als altres. Per descomptat, el conjunt de la població va reaccionar amb odi i ràbia cap a ells, perquè ara es veien sense casa, sense vehicles, sense alimentació, sense medicaments... perquè els líders del seu país no van reaccionar a temps.

Aquesta situació, que encara provoca grans estralls, perquè estem lluny d'haver tornat a la normalitat, ens ha ensenyat diverses coses: En temps difícils, per desgràcia, només "el poble salva al poble" i per tant, haurem de lluitar com a societat espanyola per a aconseguir un equip de govern que actue, que prioritze la vida humana. Alguna cosa que sens dubte, ara no tenim.

Com a mestres, aquesta situació li ha ficat moltes traves a l'educació. Centenars de xiquets, adolescents i joves s'han vist (i encara es veuen) tractant de continuar els seus estudis mitjançant les tecnologies, però, està clar, que aquesta alternativa d'educació no pot allargar-se en el temps perque les persones ens entenem millor en persona, cara a cara, dialogant. Si els adults, com és el meu cas, ens estem veient superats per la situació, no vull pensar en cóm de desubicat ha d'estar un xiquet o xiqueta de pocs anys. Espere que prompte es torne a les aules per facilitar les coses a tots, inclosos els i les mestres, que fan tot el que està en les seves mans per ajudar a les persones a les que eduquen, al seu càrrec. No com molts altres, que, com hem vist, no extenen la mà.

# Un dimarts qualsevol a valència

Alejandra Bieco García

Imagineu-vos un dimarts qualsevol a Valencia en el qual milers de persones es desperten per a realitzar la rutina diària. Molts adults van a treballar, molts xiquets van a l'escola, és a dir, cada persona fa el que faria tots els dies. El que moltes d'eixes persones no sabien, és que eixe dimarts els canviaria la vida per sempre.

Això, és el que va passar el dimarts 29 d'octubre a València. Els valencians i valencianes van afrontar el dia com qualsevol altre, sense imaginar-se el que anava a succeir.

S'havien comunicat notícies que s'aproximava una DANA al territori valencià, però no se li havia donat tota la importància necessària. De fet, moltíssima gent no coneixia quan de perillosa era la situació.

Des del principi del matí fins a la vesprada, van haver precipitacions, vent, tornados, desbordaments de barrancs, etc. Però no va ser fins a les huit de la nit, que es va enviar a tots els ciutadans una alerta de precaució, encara que a eixa hora, tristament, ja havien milers de persones tancades en els seus treballs i cases, desapareguts i morts. Finalment, la falta de coneixement de la situació i l'escassetat d'intervenció per part de les administracions, van provocar una de les catàstrofes més grans per les quals ha passat Espanya.

Per un altra banda, a València capital, on jo visc, la realitat va ser molt distinta. M'havien cancel·lat les classes pel nivell de perill, però no vaig ser conscient de la gravetat de l'assumpte fins a migdia, quan unes amigues meues dels pobles afectats em van començar a manar vídeos i missatges que mostraven la situació. Durant la resta del dia, vaig continuar rebent molts més vídeos, però cada vegada eren pitjors. A les huit de la vesprada, mentre que estava a la meua habitació, vaig rebre un missatge d'alerta que recomanava quedar-se a casa i no desplaçar-se, encara que ja era massa tard per a moltes persones.

Eixa nit, vaig dormir molt malament per tot l'estrès que em generava la situació. Estava molt preocupada per una amiga que vivia al barri de La Torre, que des de mitat de la vesprada no li arribaven els missatges i no sabia si estava bé. A més, la meua mare tenia que anar a treballar a un dels llocs afectats, hi no va ser fins a les set del matí del dia següent que li van cancel·lar el treball, quan va arribar la segona alerta. Que li cancel·laren el treball, va fer que estiguera més tranquil·la, ja que anàvem a estar tota la família junta.

Al dia següent, València ja no era la mateixa. Moltes localitats despertaren amb els carres ples de fang, cotxes destrossats i gent desapareguda. Gracies a les xarxes socials i medis de comunicació és va visibilitzar la situació. Això, va generar un moviment de donacions i solidaritat per part de la població.

IL·LUSTRACIÓ 51. GRUP DE JOVES VOLUNTARIS RETIRANT EL FANG A PAIPORTA.

Com molts altres persones, vaig intentar ajudar el màxim possible. Els primers dies, vaig anar amb les meues amigues a donar aigua i menjar a la gent de La Torre, on vivia la meua amiga. Després, vam anar a Catarroja on vivia un altra amiga, per ajudar a netejar el seu garatge i traure mobles de la seua casa, ja que estaven perjudicats per l'aigua.

Mentre que ajudava, vaig veure com a moltíssima gent col·laborava ja fora netejant, donant, difonent informació en xarxes socials o d'altres maneres. I va ser en eixe moment quan em vaig donar conta en primera persona de la gentilesa de la gent, i com realment el poble salva al poble.

Cal intentar que el succeït a València no s'oblide. A més, tenim que aprendre dels errors comesos per a rectificar les mesures de prevenció i actuació davant esta situació. Així i tot, tenim que estar orgullosos de la solidaritat que ha mostrat el nostre poble.

# Les hores que van destruir vides

Anònim

El dia 29/10/2024 va succeir a València una terrible desgràcia. Encara que la majoria sabíem que anava a haver-hi unes terribles pluges, jo no pensava que podia arribar fins al punt que aconseguisc. Quan sobre les huit de la vesprada va començar a sonar l'alarma en els nostres telèfons, en molts dels pobles ja corria l'aigua pels seus carrers. Jo estava en classe d'anglés quan va sonar i totes ens quedem espantades, perquè no sabíem fins al nivell al qual podia arribar el succeït. Cal ressaltar que en la nostra terra, la pluja no és lago que ens definisca com a ciutat, és més aviat rar que succeïsca, encara que sabem que durant algunes setmanes a l'any, hi ha pluges torrencials, són dies on plou bastant, però res més.

Esta clar que no va ser una simple pluja, jo estava tranquil·lament veient les xarxes socials, quan em van començar a eixir vídeos de diferents pobles de València, on l'aigua ja arrossegava cotxes, persones, prestatgeries de diferents negocis, ...

Molts vídeos es van començar a compartir per xarxes socials, cada vegada, que jo veia un vídeo nou, se m'anava trencant el cor i cada vegada estava amb pitjor cos, no podia creure tot el que estava passant. Moltes persones d'estos pobles afectats no estaven assabentades de la greu situació fins que els va començar a arribar l'aigua pels genolls.

Al matí següent, havien moltes persones desaparegudes, també moltes persones que per culpa d'estar poc informades, van anar a treure els cotxes i no van tornar a les seues cases. Moltes persones que van perdre les seues cases, pertinences, cotxes, però molt més important moltíssimes persones que havien perdut sers estimats, ja anaren, fills, pares, mares, mascotes, nebots, ... A moltes persones eixe dia els va canviar la vida, un dia a tindre'l tot (vivenda, transport, família, salut) a perdre-ho tot en qüestió d'hores, no em vull imaginar el sentiment de les persones afectades. Jo he de ser molt agraïda perquè no vaig ser afectada, ni tinc coneguts afectats.

El que em va emocionar realment, i que cada vegada que m'eixia un vídeo, no podia evitar plorar i tindre un nus en la gola, va anar de la manera en la qual tot el poble ens bolquem cap als afectats, tant el poble valencià, com d'altres comunitats. Els primers dies no em vaig sentir capaç d'aproximar-me als pobles, de fet hui dia no he pogut acostar-me a cap poble, he hagut d'ajudar d'altres maneres, i encara que es pot ajudar de moltes maneres, sempre em sentiré amb remordiments al no fer-ho, la meua família si ha sigut capaç.

Jo he ajudat donant diferents materials y recursos necessaris.

També vaig acostar-me a l'Estadi Ciutat de València de l'equip Llevant UD, on diferents organitzacions s'havien ajuntat per a organitzar un punt de recollida d'aliments i també de cuina. Vaig ser tres dies, consistia apuntar-te i t'assignaven una tasca, havien diverses, com cuinar, fer ensalades, empatar els plats cuinats, fer entrepans, tot este menjar anava dirigit cap als pobles afectats. Em sentia molt plena fent les diferents tasques.

Per últim, m'agradaria destacar la nostra actitud com a poble, ciutat i país. Desgraciadament ha hagut de succeir tot això perquè ens mantinguem units, i ens comportem com a país. Cal ser agraïts tots els dies amb el que tenim, perquè l'endemà podem passar a no tindre res. També els joves, gràcies a la nostra energia i ganes, hem pogut demostrar que no som una simple generació de cristall, que som molt més. Hem d'intentar continuar amb la unió que hem tingut enfront del succeït i no sols actuar com a poble davant de les desgràcies.

# La major catàstrofe dels últims anys
## Futura mestra

La DANA, una gran tormenta que es provoca quan l'aire fred es queda atrapat en el cel, va aplegar a València i en qüestió d'unes poques hores va canviar la vida d'una animalada de gent. La Dana en València va arrasar per tot on va passar, vida de persones, cases, escoles,... Jo estava eixint del gimnàs quan em varen cancel·lar les classes, sense preocupacions ja que totes les anteriors vegades que les havien cancel·lat no va ser res greu. Però un hora després totes les xarxes socials estaveninundades de vídeos i fotografies terribles sobre el que estava passant a València. Als minuts va sonar una desagradable alarma que ens va asustar a tots, una alarma que deuria de haver sigut programada per unes bones hores enrere, ja que va

IL·LUSTRACIÓ **52**. NAU A SEDAVI DIES DESPRÉS.

provoca que moltes persones no estigueren en casa amb les seues famílies, alguns d'ells desapareguts i altres tinguent que dormir al seu treball. Açò va causar incertidumbre, por i tristesa a tots aquells que no sabien on estaven aquelles persones que estimaven.

Quan la Dana es va replegar de València cap a altres zones d'Espanya, va vindre lo pitjor, recuperar-se, no sols la neteja, també mentalment, començar a veure tot el que havia deixat la Dana, no saber on estaven algunes persones, ... Els afectats es van veure soles, no hi havia gent especialitzada que els ajudara, aleshores, el poble valencià, caracteritzat per el companyerisme i la empatia, es va alçar, de ahí "El poble salva al poble". Va haver una onada de gent que es va mobilitzar, i ajudaven on podien ajudar, era una barreja de desgrat i orgull per la situació i l'ajuda del poble. En el meu cas vaig anar ajudar a Massanassa, i em vaig anar en mala sensació perquè malgrat que havíem estat tot el dia sentia que no havia ajudat lo suficient, encara que si, ja que per molt xicoteta que siga l'ajuda serveix per a molt. També vaig anar varios dies al camp del Llevant on es dedicaven a preparar menjar calent per a totes les famílies que heu necessitaren.

Ja fa quasi un mes de la catàstrofe i encara es necessita ajuda, malgrat que el serveis especialitzats estan fent tot el que poden no és suficient. Açò és un recordatori de que València no ha de ser oblidada junt a les altres zones on la Dana ha afectat. També donar gràcies i sentir-se afortunats tots aquells valencians que no han sigut físicament afectats per la Dana, com pot ser el meu cas, encara que psicològicament ha afectat a tota Espanya.

# Experiència

Ana Loxley Hinojosa

Un 29 de octubre todo cambió en la vida de los valencianos. De un momento a otro el agua comenzó a llegar a los pueblos y empezaba a subir el agua cada vez más rápido. No tuvimos ningún aviso ni alerta de una posible riada y muchos de nosotros estábamos en las calles haciendo nuestra vida normal.

Yo a las 19:30 de la tarde me iba a ir a Aldaia a entrenar. Sabíamos que había alerta naranja por lluvia, pero no llovía ni dónde yo vivo, Bétera, ni en Aldaia y el Ayuntamiento no dijo nada. Justo antes de salir de casa, me llegó un mensaje de mi entrenador que él iba a suspender los entrenamientos porque veía que la cosa se iba a poner fea. Pero fue mi entrenador quien lo suspendió, no el ayuntamiento. Media hora después nos llegó la alerta al móvil, una alerta que jamás había sonado. Era un ruido tan fuerte que me asusté. Poco después, se fue la electricidad en los pueblos afectados por la DANA y no teníamos contacto con nuestros amigos.

Yo me enteré al día siguiente que Aldaia había sido un pueblo bastante afectado. Intenté contactar con una de mis mejores amigas que vive allí, y no me contestaba. Iban pasando las horas y seguía sin contestarme, no le llegaban los mensajes. Yo estaba muy preocupada y le hablé a su hermana que vive en Dinamarca para saber si ella sabía cómo estaba su familia. Me dijo que estaban bien. Se les había inundado la casa y habían perdido todos los coches, pero al final ellos estaban vivos que era lo importante. También me dijo que no sabía nada de su tía desde el día de antes, que no llegó a casa después de trabajar. Ella vivió una de las experiencias más complicadas y aterradoras que he escuchado. Al final pudieron contactar con ella y estaba bien dentro de lo que cabe.

Mi familia y yo queríamos ir a Aldaia para ayudar a nuestros amigos, pero no se podía, no nos dejaban entrar. Conseguimos entrar un día por la tarde noche para llevar agua y comida a unos amigos ya que no tenían nada y no les había llegado nada aún. Los días siguientes también fuimos a ayudar. Entrabas al pueblo y daba miedo, parecía que estuviéramos viviendo en otro mundo, todo lleno de barro, los coches uno encima de otro, las calles y las casas destrozadas, era un auténtico desastre. Me dio mucha pena ver el pueblo así, un pueblo al que voy desde que era pequeña a entrenar todos los días. No parecía el mismo pueblo.

Pero además de Aldaia, que es como mi pueblo, había muchísimos más pueblos afectados y algunos mucho peor. Mis amigas y yo queríamos ayudar de alguna manera. Nos sentíamos mal estando en nuestra casa, cuando se estaba viviendo una catástrofe y había tantas personas y pueblos mal que queríamos ayudar.

Quisimos ir a los pueblos a limpiar, pero mucha gente nos dijo que no les dejaban pasar, entonces nos fuimos al campo del Levante a cocinar comida caliente para llevarla a todos los pueblos afectados. Ir allí a ayudar a la gente que lo estaba pasando tan mal me llenó mucho, ya que sentía que estaba haciendo algo por esa gente. Íbamos todos los días, había días que teníamos que hacer dos horas de cola porque ya había mucha gente, pero nos esperábamos allí hasta que pudiéramos entrar para hacer algo.

La DANA ha sido una tragedia para todos los valencianos, pero algo bonito y positivo que podemos sacar de toda esta catástrofe es la solidaridad de la gente, sobre todo de los jóvenes que tanto habían sido criticados y que los llamaban "la generación de cristal". Pues esa generación ha estado ahí, limpiando y ayudando en todo lo que han podido. Yo sólo espero que la situación mejore cuanto antes y que esta solidaridad de los valencianos no se vaya nunca.

IL·LUSTRACIÓ 53.

# Relato de una desgracia

Lydia Urbano Cintas

"Estar con el agua al cuello"; Expresión para referirse a que nos encontramos en apuros o tenemos un problema. Y lo que era solo un dicho del refranero español pasó a ser la realidad valenciana en escasas horas.

Estas horas fueron cruciales para las personas que estaban en la zona de peligro y que se encontraban en el filo entre la vida y la muerte, desgraciadamente gran parte de la población permanecía en esta tesitura. Y de manera completamente distópica al otro lado del río, nos encontrábamos la parte de la población que dormíamos bajo nuestras mantas, y cenábamos bajo un techo seco e inmóvil. Pero esta situación "privilegiada", que debería haber sido la de todos, no nos despegamos de nuestras pantallas mientras experimentamos todo tipo de sentimientos amargos y empáticos hacia nuestra población.

Se hizo de día y la sensación desoladora, mucho más lejos de disminuir, se agrandó de manera instantánea al encender el botón de la televisión. Cientos de desaparecidos, confirmaciones de muertes, casas y negocios completamente arruinados, una multitud innumerable de coches destrozados, y a mi madre y a mí solo se nos venía a la cabeza como puede ser que esto haya pasado aquí, un país del primer mundo con los recursos suficientes para garantizar una buena vida.

Durante todo el día mi familia y yo nos mantuvimos pegados a la televisión y aunque algunos se iban a trabajar volvían hablando y queriendo saber más sobre el único tema que llenaba las calles. Desgraciadamente ese día no fue el único, sino que estuvimos hasta el viernes con ese triste ritual, sin saber que hacer ya que aún no había organizaciones donde acudir y ayudar. De manera casi heroica el viernes gran parte de la población se organizó para acudir a los pueblos afectados, y entre ellos mi familia.

Yo tuve que ir a trabajar ya que cruzando el cauce se aparentaba cierta normalidad y seguridad, así que hasta el lunes no pude juntarme con mis amigos, vestirnos con nuestras peores ropas y coger una escoba, para caminar durante una hora hasta Paiporta, donde nos esperaba el peor de los escenarios.

Para mí, que era mi primer día frente al desastre fue de los más impactante. Nos acercamos a la casa de la amiga de mi amiga María que necesitaba agua y algo de comida, y nos fuimos hacia una casa que necesitaba mucha ayuda, durante toda la mañana estuvimos sacando barro y vaciando un garaje, y al "acabar" con esa casa, nos fuimos a la siguiente, y más de lo mismo vaciar hogares y barrer barro entre las lágrimas y las palabras de agradecimiento de los dueños. Y esto lejos de ser una situación inusual en mi vida se convirtió en mi rutina durante esa semana, hasta el viernes noche que volví a la realidad de la otra parte de la ciudad donde debía servir comidas calientes a gente con una vivienda que no se le había llenado de agua y barro.

Por la mañana me encontraba hasta las rodillas de barro, y por la noche de manera completamente utópica estaba encamisada y repeinada sin una mota de suciedad, como si nada estuviera pasando a escasos metros.

Tras esta situación he convivido con muchos sentimientos, me he sentido culpable por no poder ir, me he sentido mal yendo a ayudar y viendo a las familias destrozadas, pero lo que más he pensado es que uno no elige lo que le pasa, pero sí que elige la forma de llevarlo. Me encontré con familias que lo habían perdido todo y cuando ibas a ayudar te recibirán con almuerzo y se les llenaba la boca de palabras de gratitud hacia todos los voluntarios, haciendo así también de un refrán una realidad; "Gracias se dan de corazón, no por obligación".

# El poble salva al poble
Irene Polo Lázaro

Aquesta frase que hem escoltat tant des del 29 d'octubre. Qui anava a dir a tots els afectats que, un dimarts qualsevol, la seua vida anava a canviar tant? I tot per un avís que va arribar massa tard, o més bè, que el van fer arribar massa tard.

Recorde estar a la meua casa a les huit de la vesprada, quan va sonar l' Alerta de Protecció Civil, i la primera cosa que vaig pensar va ser en el meu pare, que estava tornant de València amb uns companys de treball mentre que l'Alerta avisava que "com a mesura preventiva s'ha d'evitar qualsevol tipus de desplaçament a la província de València". Afortunadament, no li va ocórrer res al meu pare ni als seus companys. Però recorde pensar que, si eixa alarma haguera sonat abans, m'haguera estalviat el susto.

Quan van passar un parell de dies i començarem a vore la catàstrofe que s'havia produït als pobles a escassos quilòmetres del meu, Sagunt, que per sort no va ser un dels afectats, recorde pensar que, tota eixa gent que havien perdut la seua única vivenda, el negoci que li permetia donar menjar a la seua família, el col.legi o institut on estudiaven, el seu cotxe, sense oblidar tampoc als animals. O en el pitjor dels casos, la seua vida o la vida d'un ser estimat, tant de bo tot s'haguera quedat en un susto, com el meu i el de la meua mare quan no sabíem si el meu pare estava bé.

No puc imaginar per tot el dolor i el cansament que han passat eixes persones, les que ja no estan i les que han hagut de suportar tot l'ocorregut en primera persona. Perdre un ser estimat en una catàstrofe natural ha de ser molt dur, però perdre-ho per culpa d'aquells que no van saber actuar com devien és encara més dur.

ILUSTRACIÓN **54. B**ARRANCO DEL **P**OYO EN **P**AIPORTA.

Unes simples hores abans, i hui no parlaríem de més de dos-centes víctimes mortals. Potser si de destrosses als pobles i les seues infraestructures i cases, i per descomptat, no li podem llevar importància, però una pèrdua material no es pot comparar a una vida, una persona que potser tenia plans per a eixe cap de setmana, tenia objectius i aspiracions per aconseguir i tenia projectes personals en els quals pensava diàriament. A més de les vides de la seua família i amics, la qual ja no tornarà a ser la mateixa per culpa de polítics i empreses que guanyen milers d'euros a l'any però que, quan és realment necessari, prioritzen la producció i el consum, i no les vides de totes eixes persones, que mai sabran com hauria sigut la seua vida si tot això s'haguera pogut almenys minimitzar. Perquè és evident que la DANA és una de les conseqüències visibles i cada vegada més comunes del canvi climàtic.

M'agradaria incidir en el que, pense que per a tothom, ha sigut el lema d'aquestos dies: "El poble salva al poble". Aquesta frase és potser l'única part positiva d'aquesta tragèdia i ens ha demostrat que tant els joves com els adults han ajudat en tot el possible. Desgraciadament, ha hagut d'ocórrer una catàstrofe de tal magnitud per que aquells que infravaloren als joves i xiquets de hui dia vegen que són ells els que més s'han bolcat aquestes darreres setmanes per a ajudar en tot el necessari: a través de donacions d'aliments, aigua, roba, calçat, productes d'higiene..., anar als pobles més afectats a ajudar en tot el possible, donar repercussió a través de les tan criticades xarxes socials, ajudar a organitzar totes les donacions i fer-les arribar als pobles quan estaven pràcticament incomunicats...

Sobretot durant els primers dies, només el poble va salvar al poble i ens va demostrar com gent de tota Espanya i gent d'altres països van ajudar, cadascun amb el que va poder: Oferint ajuda psicològica, cuinant menjar calent, donant tant roba i aliment com diners...

No obstant això, pense que aquest lema no hauria de fer-nos mirar cap a un altre costat, perquè qui en realitat hauria d'haver-se bolcat des del minut un són els polítics, suposadament responsables de procurar que el poble visca en condicions dignes, els que haurien d'haver pres acció en tot això, molt abans d'aquell dimarts a les huit de la vesprada.

Tinc l'esperança que tot l'ocorregut, totes eixes vides, negocis, cases i infraestructures destrossades que han causat tant pèrdues materials, que costaran més del que es poden permetre tant les famílies com les assegurances, com humanes, que mai es podran recuperar, ni amb tots els diners del món. Servirà perquè a la pròxima vegada, les administracions, empreses i polítics encarregats, prioritzen les vides del poble i no siga aquest el que ha de fer el que puga amb els recursos dels quals disposa.

# Catástrofe en Valencia
David Gallego Experiencia

Todo empezó un martes lluvioso como cualquier otro, Cuando el barranco del pollo se desbordó, creando así, una riada, que golpearía con gran fuerza a Valencia, sobre todo zonas Como Paiporta, Chiva, Catarroja, Aldaya...

Cuando pasó la catástrofe, yo me encontraba en mi casa, la lluvia caía con fuerza, el viento golpeaba a los árboles dejando caer sus hojas y deleitándonos con una variada melodía de silbidos. Todo parecía normal hasta que llegó a mi móvil una tardía alarma la cual nos decía que no saliéramos de casa debido a dicha tormenta. De repente, un sinfín de vídeos inundaron las redes sociales, dejándome ver la gravedad de la situación. Una hora después de llegar la alarma, se fue tanto la luz como el agua de mi casa durante tres o cuatro horas, tiempo suficiente para hacer que una lluvia de preguntas inundara mi mente: ¿Por qué nos envían la alarma tan tarde?, ¿Estarán bien mis seres queridos?, Que habrá pasado realmente?...

Los días siguientes fueron duros, ya que no podía salir de casa, ni ir a ayudar a las zonas afectadas ni siquiera hablar con algunos seres queridos que se encontraban en zonas afectadas, ya que estos no contaban con cobertura o Internet debido a los acontecimientos.

Con el paso de los días, se fue haciendo posible movilizarse a zonas afectadas. Por ello, decidí acercarme a Chiva a ayudar, ya que mi tío vivía en una urbanización cercana, la cual estaba devastada por la Dana. Otros días utilicé la furgoneta de mi padre para hacer viajes a las zonas afectadas con alimentos y otros materiales que era recibidos por los afectados entre lágrimas.

Lo peor de todo es que prácticamente un mes, después todavía quedan muchísimas zonas afectadas, llenas de barro, personas desaparecidas, coches destrozados... Algo que se me hace difícil de entender. Al igual que me duele ver cómo se matan a trabajar los voluntarios mientras que nuestros políticos se echan las culpas unos a otros, cuando tendrían que ir todos a una para solucionar la catástrofe acontecida. Pero algo que tengo claro es que Valencia saldrá de esta, ¡Visca Valencia!

ILUSTRACIÓN **55.**

# Diari d'un desallotjament

Reyes Molina Puig

*Dilluns 28 d'octubre*

Era un dilluns qualsevol després del cap de setmana, no tenia motes ganes d'anar a classe, però encara aixina vaig superar la perea i m'en vaig alçar. Jo estava pendent del telèfon per que ma mare tenia una intervenció quirúrgica. Que alegria quan mon pare em va dir que tot estava bé! I amb eixe pensament de retrobar-me amb ma mare em vaig dirigir a casa.

Després de dinar, el WhatsApp començà a tirar fum per els grups dels companys de la universitat. Hi havien rumors de que es suspenien les classes l'endemà per risc de fortes plujes. Ningú imaginava que el que anava a ocórrer. Finalment, vaig rebre un correu de la universitat que confirmava la suspensió de les classes i començaren les bromes sobre la diferència entre la UV i la UPV, si els estudiants de la UPV nadaven millors que nosaltres, etc.

*Dimarts 29 d'octubre*

Em vaig despertar i tot pareixia tranquil, ni una gota d'aigua, inclús la meua germana s'en va anar a l'escola. A les 15 hores, l'alcaldessa de Torrent va decretar la suspensió de les classes i qualsevol activitat, així com el tancament de parcs i jardins. També es varen tancar els passos inundables de Torrent. La tormenta a Torrent va durar des de les 15h fins a les 17h amb fortes plujes y rellamps.

Diuen que després de la tormenta ve la calma, però no va ser el cas. Al voltant de les 19h vàrem sentir un fort rumor de gent al carrer baix de casa. Ma mare, la meua germana i jo ens assomarem al balcó i varem vore com un riu de gent era desallotjada de les seues vivendes als carrers vora al barranc. El carrer de ma casa estava ple de vehicles de policia, i començarem a viure els moments d'angoixa. Aquells que van poder, van traure els seus cotxes i els que no, la grua municipal, traia tots els que podia. La tensió va augmentar quan varem vore que el que conduïa la grua era el meu tio. De sobte, un soroll molt estrident provenia dels nostres telèfons mòbils.

No era un soroll desconegut per a nosaltres, ja que al estiu de 2023 tornant de les nostres vacances a Portugal, al pas per la Comunitat de Madrid, es va sonar aquesta mateixa alarma també per risc de pluja intensa.

Mentre sonava la alarma, ma mare parlava amb la sea germana, ma tia Magda, que li havia cridat per a contar-li, que al tornar de treballar, al passar per el pont de Picanya, per la acumulació d'aigua, que ja hi havia a aquell moment, se li havia avariat el cotxe i havia hagut d'esperar a que mon tio li arreplegara.

Mon pare, que es inspector de la policia local de Torrent, s'acostà a vore si els companys que estaven treballant necessitaven ajuda. Des del balcó veien el nerviosisme de la gent, els moviments dels cotxes, les sirenes de la policia i com ràpidament l'aigua invadia els carrers. De sobte, els telèfons van deixar de funcionar, no teniem res de cobertura. Una part de la població es va quedar a fosques i la gent es resistia a abandonar el carrer.

Finalment es va comunicar que total aquella gent desallotjada podia dirigir-se al pabelló esportiu del vedat, que es trova a una part alta. Els carrers prop al barranc continuaven sense llum, i mon pare tornà a casa amb la noticia de que l'aigua havia tombat el pont del Mas del jutge I que baixava molta agua per el barranc. Amb aquesta situació s'en anarem a dormir.

*Dimecres 30 d'octubre*

Em vaig desertar a les 5 del matí quan mon pare es va despertar per a incorporar-se al treball encara que no li corresponia. A poc a poc, mitjançant les noticies ens varem adonar de la gravetat de la situació, els telèfons continuaven sense funcionar, no hi havia llum en la mitat de la població, tampoc hi havia aigua en moltes de les casses i el nostre poble estava incomunicat. Ma mare anà a buscar a la meua avia per a que no estiguera a soles sense aigua ni llum, després vinguérem ma tia i les meses cosines per la mateixa raó. Els supermercats eren un caos, semblava que la gent no hi havia aprés ninguna lliçó de la pandèmia. Persones que compraven 10 marraixes d'aigua, deixaren tots els expositors de carn, fruita i verdura buits, inclús van succeir pelees. La tragèdia anava seguint més visible. Mon pare al igual que moltes persones de serveis de emergència estigueren quasi 24 hores treballant sense descans.

*A dia de hui*

Estes persones han estat treballant sense descans, doblant torns, sense lliurar Durant més de deu dies per tal de ajudar en tot el que pogueren. Per això, aquesta carta es una forma de agrair el seu treball a ells, als milers de voluntaris d'altres llocs per tal de ajudar i a totes aquelles persones que han aportat aliments, roba i altres productes necessaris per a la gent que ho ha perdut tot.

Gràcies

IL·LUSTRACIÓ 56. DESTRUCCIÓ AL BARRANC.

# Vasos de barro

Ainara Riveiro Gálvez

La noche del 29 de octubre era una noche normal, hasta que en las noticias saltaron las alarmas de protección civil pidiendo precaución por el desbordamiento del barranco.

En ese momento, el miedo y la preocupación me invadieron al ver que esta alarma había sonado horas después cuando los pueblos de la horta sud ya estaban totalmente inundados. Mi familia y yo, comenzamos a llamar a amigos que viven en esos pueblos y no obtuvimos respuesta hasta la mañana siguiente.

La mañana del 30 de octubre, recibimos varios testimonios de las experiencias vividas esa noche. Personas atrapadas en árboles y coches, gente arrastrada por la fuerte corriente de agua, muchísimas familias que han perdido su casa y familiares y las calles llenas de coches y barro. Un ejemplo muy cercano de la catástrofe de la Dana es del socio de mi padre llamado Ramón. El padre de Ramón se encontraba en el garaje cuando una fuerte corriente de agua entro por la puerta. Nadie sabía nada de él y no encontraban el coche. Acompañamos a Ramón a la policía a dar datos muy exhaustivos de lo que llevaba puesto de ropa y donde le habían visto por última vez. Finalmente, llego la noticia que no queríamos pero que realmente sabíamos que había ocurrido, le encontraron en un garaje ahogado.

Sin dudarlo, mi familia y yo nos pusimos manos a la obra en la ONG llamada Solideo que se encuentra en la localidad de Alboraya y que fundaron mis padres hace varios años. Comenzamos a recaudar ropa, alimentos no perecederos, botas, palas, agua, productos de primera necesidad... con ayuda de varios voluntarios.

ILUSTRACIÓN 57.

A partir del viernes de esa semana, comenzamos los repartos y la ayuda con la limpieza de las calles y los bajos. Todos los voluntarios nos dividimos en dos grupos, por un lado, unos se fueron a Alfafar, por otro lado, mis amigos y yo decidimos ir a Paiporta con mis padres. Nada más llegar a Paiporta, nos dimos cuenta de la magnitud de la situación, no vimos a ningún policía, ni el ejército, ni bomberos. Y en ese mismo instante cobró sentido la frase: El poble salva al poble. Todo estaba destrozado, todos los coches apilados, lleno de barro y muchísima tristeza se veía en las caras de los ciudadanos. Aquí dejo unas fotos del día que fuimos a Paiporta.

Este día, estuvimos limpiando un colegio y la verdad que fue muy duro ver como estaba todo, el campo de fútbol y de baloncesto irreconocibles, los cristales de las clases rotos por la presión del agua y sobre todo el suelo embarrado con las marcas del agua que llegaban hasta el primer piso de altura. Además de limpiar el

ILUSTRACIÓN **58.**

colegio, estuvimos a repartiendo alimentos por las calles de Paiporta, la felicidad y el agradecimiento de la gente era impresionante, sobre todo, la felicidad de los niños y los abrazos que recibíamos al darles alimentos y productos de primera necesidad.

Un mes después de esta catástrofe, seguimos ayudando en Solideo, todos los días desde las 8 de la mañana hasta las 8 de la tarde. Yo llevo la base de datos con 2 personas más. Nuestra labor es generar pedidos que nos hacen las familias de Paiporta, Massanassa, Albal, Torrent, Catarroja y familias reubicadas en valencia entre otros pueblos. Mi hermano y mi madre se encargan de hacer las cajas con los productos que piden las familias junto a otros voluntarios. Por otro lado, mi padre lleva las cajas a los vecinos de los pueblos afectados. Por último, entre todos descargamos tráileres y camiones que nos llegan desde Parla (Madrid), Murcia, entre otras comunidades, llenos de botas de agua, de palets de agua, productos para quitar el barro, mascarillas...

Con esta experiencia quiero decir que somos muy afortunados por la situación en la que estamos, por tener una casa donde vivir, salud y familia. Muchas veces nos quejamos por cosas "tontas" sin darnos cuenta de que lo más importante es la unión familiar, el hogar y el bienestar propio.

# Generació de cristall
Cristina Vernia García

El dia 29 d'octubre, em trobava a casa perquè s'havien suspés les classes a la Universitat de València a causa de les fortes pluges que s'esperaven. Com molts estudiants, vaig rebre la notícia amb alegria, pensant que tindríem un dia de festa. Tanmateix, aquesta felicitat va durar poc. Al meu poble gairebé no plovia, igual que en molts altres, i vaig pensar que suspendre les classes havia estat una exageració. Però de sobte, vaig començar a veure imatges que em van fer canviar d'opinió: pobles inundats de fang, cases desaparegudes, empreses devastades, gent atrapada a les carreteres, supermercats i als carrers. Em va envair una por immensa.

A Sueca, no va ploure, però aquella nit molts pobles del voltant es van inundar greument pel desbordament del riu. Molta gent va poder refugiar-se a les plantes altes de les cases, però altra es va quedar atrapada perquè la pluja va vindre de colp. Els danys materials també van ser molt importants. Aquella nit quasi no vaig poder dormir, com moltes altres persones. La preocupació era constant, i encara més quan, de sobte, va sonar una alarma d'emergència advertint sobre el perill del temporal.

IL·LUSTRACIÓ 59. CARRERS DE BENETÚSSER 3 DIES DEPRÉS DE LA DANA.

El dia 30, València es va despertar trista i coberta de fang. El meu primer pensament va ser contactar amb amics i familiars per assegurar-me que estaven bé. Una de les meues amigues, que estudia fora de casa, em va parlar molt preocupada per la seua família, ja que no havia pogut parlar molt amb ells. Tot i que la preocupació inicial, finalment va saber que estaven sans, encara que havien perdut els cotxes i el seu negoci havia quedat ple de fang.

Em sentia impotent a casa, així que, juntament amb les meues amigues, vam decidir ajudar. El primer dia vam anar a Benetússer amb menjar, aigua i materials de neteja. També volíem acompanyar a la nostra amiga perquè pogués veure els seus pares i abraçar-los després d'aquella tragèdia tan recent. El trajecte va ser complicat, ja que només es podia accedir caminant i anàvem molt carregades, però finalment vam arribar i ens vam trobar amb els pares de la meua amiga, que ens van rebre amb un gran somriure. Era commovedor com, enmig de tanta destrucció, les abraçades i els somriures encara tenien lloc.

L'escena era devastadora. No puc descriure el que vaig sentir en posar els peus al primer carrer, només volia ajudar. Vam col·laborar una mica netejant la loteria que tenen els pares de la meua amiga. Em va sorprendre que, fins i tot en aquell desastre, hi havia persones que s'aturaven a preguntar-nos si veníem loteria, malgrat que era evident que el negoci encara no havia obert. També em va impressionar veure la gran quantitat de voluntaris que s'havien mobilitzat per ajudar, el poble estava ple de gent fent tot el possible per fer més habitable els carrers.

L'endemà, amb les meues amigues, vam anar a Algemesí, un altre poble molt afectat. Allí vam repartir aliments i aigua, per cases a les quals a causa de la magnitud dels danys, no arribaven quasi aliments. Mai havia sentit tant la paraula "gràcies". Molta gent ens deia que no necessitaven res, insistint en el fet que hi havia persones amb més necessitats que ells. Donar un simple plàtan i veure l'alegria i l'agraïment en les seues cares era emocionant. Vam ajudar també a netejar cases i carrers plens de fang.

IL·LUSTRACIÓ 60. LOTERIA MARINA, BENETÚSSER.

Aquesta experiència em va fer sentir molt trista, però alhora orgullosa de la solidaritat que vaig veure al meu voltant, plena de gent jove a la qual, anomenaven generació de cristall, que va demostrar l'equivocació d'aquella etiqueta. Aquesta situació em va ensenyar que per molta devastació, la solidaritat sempre és ben rebuda, i que la unió i l'empatia poden marcar la diferència.

# València ofegada en tres segons

Laura Jurado Benítez

1, 2, 3...Respira. En tres segons, la vida pot canviar, en un moment tot pot deixar de ser com era i en un instant la vida deixa de sentir-se com a vida. En tan sols eixos tres segons, una ona d'aigua arrasava el nostre poble, la nostra benvolguda terra València. El lloc en el qual tots nosaltres ens hem criat o que per contra ens ha acollit, va acabar submergit en una marea. El nostre poble es va convertir en aigua i fang, va arrasar tot el que va veure per davant: cases, cotxes i persones. Els valencians vam deixar de sentir aquella nit, ens van tallar l'aigua i la llum. La majoria tampoc vam tindre accés a Internet, no vam poder veure les notícies ni tampoc comunicar-nos amb els nostres sers estimats en un parell de dies els quals es van fer eterns.

Però...el pitjor va ser al matí següent, quan cadascun de nosaltres va traure el cap al balcó i va poder comprovar que allò no havia sigut un malson, els nostres ulls van veure el nostre poble completament ple de fang i tot estava destrossat. La gent va eixir al carrer a veure si tot això era real, i tant que era real. Cotxes amuntegats, negocis destrossats i tots els que intentàvem caminar se'ns afonaven els peus per aquell que havia sigut el nostre lloc segur. Eixe matí tot va ser estrany, hi havia gent que no sabia res sobre la seua família, que ho havia perdut tot, tant el seu cotxe com la seua casa o també havia tingut perdudes personals. I el pitjor de tot, és que això va passar en tan sols tres segons.

Els següents dies, els ciutadans de les zones afectades van començar a intentar arreglar la seua vida, o almenys a intentar-ho. Es va crear una comunitat de veïns familiar, aquestos van passar a ser com una família que estava per a nosaltres en qualsevol moment, ens ajudàvem i ens prestàvem aliments o necessitats bàsiques si és que era necessari, ja que la majoria de nosaltres no teníem supermercats al nostre poble ni transport per a poder arribar a ells en les zones no afectades.

Afortunadament, tot va canviar quan de sobte, els veïns valencians de les zones que no havien sigut destruïdes van començar a caminar durant hores amb aigua, menjar i pales per a ajudar als afectats. Després de dos dies, vaig eixir de casa per primera vegada i quan vaig veure amb els meus propis ulls a les persones vindre al meu poble amb l'única intenció d'ajudar sense rebre res a canvi va ser preciós. Durant dies i dies, acudia gent a ajudar i cada vegada eren més i més persones i no sols valencians, arribaven des de totes les parts del país. Nosaltres, els afectats ens vam sentir abrigallats per tots aquells. Més tard, es van començar a crear punts d'acolliment o de recollida d'aliments per a tots els afectats. Cada dia arribaven camions replets de necessitats bàsiques i arribats a aquest punt és quan ens vam donar compte que el poble salva al poble. Els que venien a ajudar eren persones que es trobaven perfectament i que no van patir la Dana i aixì i tot van decidir emfatitzar i ajudar als més necessitats, es van posar en les nostres pells. I això és el que ens fa verdaderament humans. Un vegada més, la nostra generació havia demostrat que som humans i que ajudem als demés sense rebre res a canvi. Amb tot això vull arribar al fet que no necessitem que els de dalt arribaren quan volgueren a ajudar, ho vam fer nosaltres i el més bonic i important és que ho vam fer de cor. Ningú ens va obligar.

Com afectada, van ser uns episodis molt durs, el meu poble Catarroja va ser destrossat i els col·legis també. Per sort ens teníem tots per a ajudar a cada moment. El meu col·legi Vil·la Romana tornarà amb més força, igual que tots els col·legis de tots els pobles afectats. Els xiquets tornaran amb més ganes a l'escola i hauran aprés després de no anar al col·legi durant un mes que estudiar és un privilegi i la sort que tenen. Tots tornarem amb més força. Això ha sigut una lliçó per a molts de nosaltres, ens ha ensenyat que la vida és capaç de donar un gir en tot moment i hem d'afrontar-lo. Tots els que esteu escoltat aquest relat, esteu aprenent que sempre hem d'ajudar a totes i cadascuna de les persones que no tenen res, que ho han perdut tot o que estan passant per una situació complicada. No fa falta aportar gran cosa, amb donar o prestar alguna cosa que et ixca del cor és necessari. Una manta, aliments o una manera de parlar amb les persones que ho necessiten és just el que fa falta.

Hem demostrat que som solidaris i que som capaços de continuar sent-ho una vegada més. Aquesta lliçó també ens ha ensenyat que el material va i ve, que perdre dos cotxes o una casa aconseguits amb tot el nostre esforç i dedicació és dur però perdre una vida ho és encara més i hem de començar a agrair el que tenim. També és necessari recalcar que tots els afectats hem viscut d'una forma diferent de la qual ho solíem fer ja que hem passat de tindre un cotxe o aigua a casa a no tindre menjar, no tindre Internet o fins i tot no tindre una casa. En eixos tres segons vam passar de tindre-ho tot a no tindre res i per tant també hem pogut posar-nos en el lloc d'aquells que no tenen la sort que tenim nosaltres. Perquè nosaltres tal vegada tornem a la normalitat i tot això ens haurà fet agrair el que tenim però els que no tenen res no tornaran a tindre-ho tot com nosaltres. I és per això, que aquesta situació ha sigut una altra lliçó que ens ha ensenyat a empatizar amb tots aquells que no tenen la sort que nosaltres.

La Dana ha canviat vides, pobles i moments, es quedarà gravada en la memòria de tots els valencians, la nostra terra ha sigut destruïda però tornarà a ser més forta que mai. Tots tornarem a les nostres vides amb un xicotet record trist guardat al nostre cap per sempre, però tirarem avant igual que el nostre poble.

Amb tot això, vull recalcar que comencem a valorar tot el que tenim i a agrair dia a dia la sort que tenim de poder alçar-nos i simplement viure. I recordeu, el poble sempre salva al poble i el transmeterem de generació en generació perquè això ens fa ser com som. Humans.

IL·LUSTRACIÓ 61.

# La meua trobada amb la DANA

María Vico Estrada

En el meu cas, optaria per no ocultar esta situació i posar les cartes sobre la taula. Soc conscient que pot ser una cosa xocant per als xiquets, sobretot per als més xicotets. Però, com a mestra m'agradaria tractar la realitat, en quina situació ens trobem i no fer com si res haguera passat. Hi ha alumnes que necessitaren esplaiar-se, sentir-se segurs i acompanyats, no podem seguir el temari de classe com si res.

Per tant, començaria la classe comptant la meua experiència perquè considere que és el que més pot ajudar al fet que els meus alumnes se senten una mica millor i puguen sentir la meua confiança cap a ells. Per tant, el meu relat és el següent:

Bon dia, xics. Sé que aquestos dies que hem viscut tots no han sigut molt agradables però l'important és que estiguem hui ací, veient-nos els uns als altres, tornant al més prompte a la normalitat.

No us preocupeu ara pel que hagem de fer, com els deures que us vaig manar sense saber que passaria el succeït. Hui us comptaré la meua experiència amb la DANA i únicament vull que m'escolteu. Si voleu participar en qualsevol cosa, sou benvinguts. Jo soc d'un poble de València anomenat Alaquàs. Prop del meu poble, podem trobar altres com Aldaia, Torrent o Xirivella. Els coneixeu? Per sort, la zona en la qual jo viu no ha sigut greument afectada, però és cert que altres zones sí que ho han sigut, igual que els pobles que us he comentat.

L'ocorregut va ser el dimarts 29 i jo vaig eixir al carrer l'endemà passat. La sensació que et produïx veure al teu poble destrossat no sabria molt bé com explicar-la, però és una cosa similar a sentir que alguna cosa esvaïx, ja no està amb tu.

Em recorde perfectament travessar el carrer i trobar-me amb ciutadans del meu poble, que tenien cases baixes, completament destrossats perquè les seues cases s'havien omplit de fang i havien perdut la gran majoria d'objectes personals. A més, recorde veure per tots els carrers centenars de cotxes muntats uns damunt d'uns altres i completament destrossats. Fins a les vies del tren estaven ocupades per cotxes, per objectes del carrer o de cases que s'havien desplaçat de lloc, era horrible.

Mai vaig pensar que podria viure una cosa així i de seguida em va vindre a la ment el COVID 19. Són situacions que mai creus que viuràs, que els passen a altres persones, però a tu no i quan ho vius en primera persona impacta el triple.

Per descomptat, no vaig dubtar ni un segon a ajudar tot el possible, especialment al meu poble. L'ajuntament de seguida va gestionar dies, hores i llocs per a reunir-nos i ajudar nos entre tots. No us mentiré, quan estàs en un ambient en el qual observes com tots tenen una bona intenció d'ajudar i solidaritzar-se, et cauen les llagrimetes d'emoció perquè, malgrat el succeït, es demostra com hi ha persones amb gran cor i que independentment de tot, tots som ciutadans d'un mateix poble que admirem. També és cert que assabentar-te de persones que poden estar desaparegudes commou bastant.

Encara hi ha molta faena per davant per a poder tornar a l'estat habitual, però entre tots aconseguirem tirar avant, el tinc claríssim. El meu estat d'ànim va variant, els primers dies la veritat que estava trista, però amb el temps vaig tractant de quedar-me amb el positiu. Us ensenyaré unes imatges que vaig fer un dels primers dies que vaig eixir al carrer perquè pugueu entendre'm millor:

*El silenci després de la tempesta*          *Destrucció al poble*

*La força imparable*          *Canvi climàtic en avís*

IL·LUSTRACIÓ 62.

La primera foto representa la situació que jo em vaig trobar en eixir de la meua casa, tot inundat de fang i persones amb gran tensió. La segona, encara que no s'aprecie, són les vies del tren que us he comentat abans que estan completament ocupades i arrasades de materials i cotxes que s'han anat desplaçant amb l'aigua. La tercera imatge la vaig fer des d'un dels ponts que connecta a Torrent i Alaquàs, que és una de les zones que més em va impactar en visitar-la, el pont estava completament partit en dos trossos. Finalment tenim una altra imatge feta des del mateix lloc. Tot el que veieu era carretera, una d'elles direcció Alaquàs/Aldaia, com posa en el cartell blau.

Tot això per a mi continua sent molt difícil d'assimilar, la meua ment continua pensant que estic en una pel·lícula o que això realment no ha passat en la meua zona, és impactant, però hem de ser conscients de l'ocorregut i no passar-ho per alt.

Jo espere que vosaltres estigueu tan bé com siga possible. Algú vol compartir la seua experiència com ho he fet jo?

# Recomenda-
# ciones

# Después de la tormenta siempre llega la calma

Inés García Pérez

Un lunes, 9 de la mañana, el aula estaba lista para recibir a los estudiantes después de la tormenta. Al mirar por la ventana, las calles aún mostraban huellas de la reciente DANA que afectó a Valencia. Sabía que en cada una de esas sillas había un niño o una niña con historias por contar. Habíamos vivido algo muy fuerte y debía asegurarme de que ellos se sintieran seguros y preparados para enfrentar cualquier futura emergencia. Por lo que, como su docente, también quería darles herramientas prácticas para afrontar situaciones similares.

Al sonar el timbre, fui recibiendo a los alumnos con una sonrisa y abrazos. Cuando todos entraron, nos colocamos en forma de círculo para comenzar la asamblea. Me tomé unos minutos para hablar de lo que había pasado. Uno a uno se abrió para contarme lo vivido: algunos hablaron de la cantidad de lluvia que había caído en las calles, otros del agua que había entrado en sus casas, también compartieron las vivencias de sus conocidos que tuvieron que ser evacuados y, por último, varios contaban la trágica historia de que se habían quedado sin casa y como veían su coche flotar. En ese momento se me encogió el corazón, incluso se me escapó alguna lágrima.

Cuando todos hablaron, tomé un respiro y les expliqué lo importante que era aprender juntos algunas medidas para saber cómo actuar en situaciones como esta. Les dije que como no teníamos súper poderes para controlar el clima, podíamos estar preparados y actuar de la mejor manera posible.

Les repartí unas guías muy coloridas y adaptadas a su edad donde se explicaban 4 apartados con información importante tanto para ellos como para sus familias:

En primer lugar, les pedí que hablaran en casa sobre establecer unos contactos fijos:

— ¿Qué número llamar si las líneas locales fallaban? ¿Quién es la persona de confianza en quien apoyarse en caso de moverse?

Seguidamente, entre todos hablamos sobre reconocer los sitios seguros dentro de casa. Expliqué que en caso de inundación es importante mantenerse en lugares elevados y alejados de las ventanas. Les mostré varias imágenes que tenían en la guía para que pudiesen seguirme con facilidad.

A continuación, les sugerí que preparasen una mochila con artículos esenciales: una linterna, botellas de agua, comida no perecedera, productos de higiene personal, cargador portátil etc. Entre todos hicimos una lista en la pizarra y me quedé muy sorprendida con las ideas que iban diciendo.

Por último, les recordé que el miedo es totalmente normal, pero que juntos podíamos ayudarnos a mantener la calma en ese tipo de situaciones. Por lo que, les propuse un pequeño ejercicio de respiración y lo pusimos en práctica. Además, les hablé sobre la importancia de escuchar las indicaciones de los adultos y obedecerlas.

Una vez leída y explicada la guía, realizamos un simulacro de evacuación. Les expliqué que era una práctica muy seria para que todos sepamos qué hacer en una situación real.

ILUSTRACIÓN 63. INFOGRAFÍA RECOMENDACIONES ANTE UNA **DANA**.

Hicimos el recorrido hacía la zona de seguridad, cada uno con su mochila y conseguimos llegar sin que corrieran. Al terminar, volvimos a clase y nos sentamos en la asamblea para que compartieran al resto cómo se sintieron durante la práctica.

Cuando acabamos, les dije que este regreso a clase, después de la DANA, se convirtió en una oportunidad para reforzar nuestra conexión como grupo. Además, les comenté que, aunque no podía prometerles que nunca más íbamos a vivir una situación como esta, estaba contribuyendo a que cada uno de ellos se sintiera un poco más fuerte y seguros.

Acabó el día y se fueron a casa con nuevos conceptos aprendidos sobre medidas de acción en caso de emergencia. Hasta el próximo día.

Después de la tormenta siempre llega la calma
*Infografía*
https://ir.uv.es/iRGL2xO

# ¿Qué hacer en caso de inundación?

Giulia Lucarelli

Recomendaciones elaboradas para las familias de los niños, el material está extraído del sitio web del Departamento de Protección Civil.

Además, la caricatura italiana "Civilino y la inundación" ilustra nociones importantes sobre lo que representa una inundación y sugiere algunos comportamientos a adoptar en caso de inundación, en un lenguaje sencillo y adecuado para los niños.

## Primero: explicación a los niños

La inundación es un fenómeno calamitoso debido a intensas y prolongadas precipitaciones en el territorio, que provocan el desbordamiento de un río o un arroyo.

Existen comportamientos que es importante conocer y poner en práctica antes, durante y después de que ocurra una inundación.

Este devastador evento natural trae consigo consecuencias traumáticas, afectando tanto a los adultos como a los niños. Cuando sucede un desastre natural como el que ha golpeado a Valencia en los últimos días, los niños atraviesan un período de gran esfuerzo y malestar emocional. La casa donde viven, la escuela a la que asisten, y la comunidad en la que se desenvuelven y viven representan su sentido de protección y seguridad. Las inundaciones, que obligan a abandonar su hogar, a no tener acceso a su escuela y a temer cada movimiento dentro de su comunidad, generan un sentimiento de vulnerabilidad.

ILUSTRACIÓN 64. PÁGINA WEB DEL DPTO. DE PROTECCIÓN CIVIL.

https://www.protezionecivile.gov.it/it/approfondimento/in-caso-di-alluvione

ILUSTRACIÓN 65. VIDEO "CIVILINO E L'ALLUVIONE" (YOUTUBE).

https://www.youtube.com/watch?v=DvdgAOPIVcU

En un período en el que todo parece frágil, y en el que los niños son desplazados y trasladados a lugares que garantizan seguridad, es fundamental que sus necesidades emocionales sean reconocidas y atendidas por padres y docentes.

Primero, los adultos deben mantenerse tranquilos y protectores, ya que un adulto tranquilizador ayuda a los niños a comprender que, a pesar de las circunstancias, la situación está bajo control, que hay personas trabajando para restablecer la normalidad lo más pronto posible y que no están solos frente a la adversidad.

No solo importa lo que dice el adulto, sino también cómo lo dice. El tono debe ser calmado y la expresión tranquilizadora. Los niños "se contagian" del estado emocional con el que los adultos enfrentan la adversidad. Un adulto resiliente permite que un niño también sea resiliente.

Es igualmente importante que los niños puedan estar con sus pares: continuar jugando, realizando actividades interesantes y envolventes que les permitan sentir que la vida sigue su curso normal y que pueden seguir formando equipo con otros niños. Por eso, para los niños que han sido trasladados a refugios como gimnasios u otros espacios, es esencial contar con un rincón de juegos con algún educador que recree, incluso en este entorno extraño, un ambiente y una atmósfera lo más parecidos posible a los de la guardería, el preescolar o la escuela primaria.

En esta guía, ofreceremos sugerencias prácticas y consejos útiles para contribuir a proteger a los niños y adolescentes en este período difícil.

— Proporcionar una explicación clara y adaptada a la edad de los niños sobre qué es una inundación y cómo ocurre.

— Compartir información sobre las causas de las inundaciones en Valencia y los territorios más afectados.

— Sabemos que los niños pueden experimentar una amplia gama de emociones después de las lluvias, como tristeza, miedo o ansiedad. Por ello, crear un espacio seguro donde los adultos de referencia y los niños puedan expresar sus emociones y hacer preguntas podría ser muy útil para entender la situación.

— Utilizar actividades creativas, como el dibujo o la escritura, para permitir a los niños procesar sus emociones.

— Crear un cuaderno de deseos para una nueva casa o coche, con dibujos y descripciones.

— Usar álbumes ilustrados para divulgar conocimientos científicos: aprovechamos la creatividad para que los niños comprendan la realidad de manera sencilla, a través de las palabras de los adultos.

— Mantener una comunicación abierta con los niños, proporcionando información actualizada y medidas de seguridad a seguir.

— Colaborar con los profesores, otras familias y la escuela para crear un entorno de aprendizaje y apoyo mutuo.

— Involucrar a otros padres y personas que pasan tiempo con los niños en la planificación e implementación de estrategias de apoyo para ellos.

— Utilizar recursos educativos adecuados para todas las edades, como libros, videos o actividades interactivas, para compartir información y promover el conocimiento sobre seguridad.

— Organizar debates en familia para profundizar en la comprensión de los desastres naturales y sus consecuencias.

— Involucrar a los niños en actividades de sensibilización ambiental, como la limpieza de cursos de agua o la participación en proyectos de conservación del ecosistema.

Indicaciones y comportamientos que deben seguir los padres:

1. Antes de la inundación

— Mantenerse informados sobre las posibles emergencias previstas en el territorio de Valencia y las medidas adoptadas por el Ayuntamiento.

— No dormir en sótanos ni permanecer en ellos.

— Si se vive en un piso alto, ofrecer alojamiento a quienes viven en pisos bajos; y si se reside en pisos bajos, es importante pedir alojamiento a vecinos de pisos superiores.

— Proteger con sacos de arena los locales situados a nivel de la calle y cerrar las puertas de bodegas, sótanos o garajes, pero solo si se puede hacer sin exponerse a peligros.

— Si es necesario desplazarse, es fundamental evaluar previamente el trayecto para evitar las zonas inundables.

— Si no existe riesgo de inundación, es preferible y aconsejable permanecer en casa.

— Evaluar si es necesario poner a salvo el coche u otros bienes; puede ser peligroso.

— Compartir la información sobre la alerta y los comportamientos correctos a seguir, asegurándose de que todas las personas potencialmente en riesgo estén al tanto de la situación.

— Verificar que la escuela esté informada sobre la alerta en curso y lista para activar el plan de emergencia con los niños.

— Enseñar a los niños cómo actuar en caso de emergencia, como cerrar el gas o llamar a los números de emergencia.

— Es útil tener siempre a mano una linterna y una radio a pilas para sintonizarse en las emisoras locales y escuchar posibles avisos importantes.

— Poner a salvo bienes situados en locales inundables puede ser peligroso: hacerlo solo si se está en condiciones de máxima seguridad.

2. Durante la inundación

*Si estamos en un lugar cerrado*

— Es importante no bajar a bodegas, sótanos o garajes para poner a salvo bienes: arriesgas tu vida.

— No salir bajo ningún motivo para proteger el automóvil.

— Si estamos en un local subterráneo o en la planta baja, es fundamental subir a los pisos superiores, evitando usar el ascensor, ya que podría quedarse bloqueado.

— Ayudar a las personas mayores y a aquellas con discapacidad que estén en el edificio.

— Cerrar el gas y desactivar el sistema eléctrico.

— No tocar instalaciones ni aparatos eléctricos con las manos o los pies mojados.

— No beber agua del grifo, ya que podría estar contaminada.

— Limitar el uso del teléfono móvil, ya que mantener las líneas libres facilita las labores de rescate.

— Mantenerse informado sobre cómo evoluciona la situación y seguir las indicaciones de las autoridades puede marcar la diferencia.

*Si estamos al aire libre*

— Alejarse de la zona inundada, ya que por la velocidad con la que fluye el agua, incluso pocos centímetros podrían hacer caer a las personas en agujeros o al río.

— Llegar rápidamente a la zona elevada más cercana, evitando dirigirse hacia pendientes o taludes artificiales que podrían derrumbarse.

— Tener cuidado por dónde se camina, ya que podría haber agujeros, baches, alcantarillas abiertas, etc.

— Evitar usar el automóvil, ya que incluso pocos centímetros de agua podrían hacer perder el control del vehículo o causar que se apague, quedando atrapado.

— Evitar pasos subterráneos, márgenes de ríos y puentes: detenerse o transitar por estos lugares durante una inundación puede ser extremadamente peligroso.

3. Después de la inundación

— Dirigirse a una zona segura, prestando la máxima atención a las indicaciones proporcionadas por las autoridades de protección civil a través de radio, TV y vehículos claramente identificables de protección civil.

— Seguir las instrucciones de las autoridades antes de realizar cualquier acción, como regresar a casa, retirar lodo o vaciar agua de los sótanos, etc.

— No transitar por calles inundadas: podría haber socavones, baches, alcantarillas abiertas o cables eléctricos cortados.

— Evitar el contacto con el agua, ya que podría estar contaminada con petróleo, diésel o aguas residuales; además, podría estar electrificada por la presencia de líneas eléctricas subterráneas.

— Desechar los alimentos que hayan estado en contacto con las aguas de la inundación.

— Prestar atención también a las zonas donde el agua se haya retirado: el pavimento podría estar debilitado y ceder.

— Verificar si es posible reactivar el gas y el sistema eléctrico. Es siempre recomendable solicitar antes la opinión de un técnico.

— Antes de usar los sistemas de desagüe, asegurarse de que las redes de alcantarillado, fosas sépticas y pozos no estén dañados.

— Antes de beber agua del grifo, comprobar que no haya ordenanzas o avisos municipales que lo prohíban. No consumir alimentos que hayan estado en contacto con el agua de la inundación, ya que podrían estar contaminados.

ILUSTRACIÓN 66. RENACER TRAS LA TORMENTA:
VALENCIA SE VUELVE A LEVANTAR.

# Un suceso que Lola no esperaba

## Laura Mondéjar Castillejo

Lola salió de casa como todas las mañanas, para dirigirse al colegio.

Estuvo dando clases hasta que se hizo la hora de ir al parque. Cuando de repente...

¡Es una alerta meteorológica! Lola - ¿Sabéis qué significa esto?

Lola - Cuando hay un posible riesgo meteorológico, suena una alerta en los móviles.

¿Voy a daros unas recomendaciones!

¿Qué hay que hacer con riesgo de inundación?

1. Seguir las indicaciones que nos den las familias.
2. Moverse a un lugar alto dónde no haya agua.

Lola - Alguno de estos lugares seguros son: Ir a casa o a un espacio cerrado.

¿Qué más podemos hacer?

— No salir a la calle.

— Estar en calma.

— Estar en un lugar seguro.

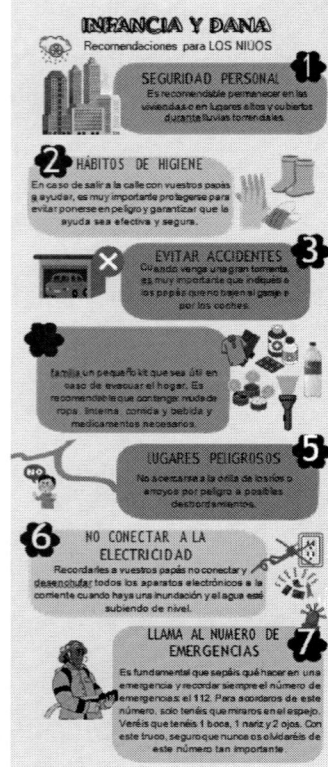

ILUSTRACIÓN **67.**
INFOGRAFÍA
RECOMENDACIONES PARA
LOS NIÑOS.

Gracias a Lola recordaremos que tenemos que hacer cuando llegue una alerta meteorológica.

Lola - Me voy a ir a casa para poder estar segura.

Ahora Lola está segura en casa.

Lola - Hasta que no termine la alerta no saldré de casa.

Lola nos enseña a cómo actuar dependiendo de la situación. En este caso nos ha enseñado a cómo actuar ante alertas metereológicas. ¿Qué será lo próximo que nos enseñe?

Un suceso que Lola no esperaba

← *Infografía* https://ir.uv.es/vE60HF2

https://ir.uv.es/Eoi6QPn *Cuento* →

# Mesures d'acció davant una DANA

Estela Blanca del Pozo

Davant la situació viscuda, el primer que faria com a mestra seria preguntar als xiquets com es troben davant la situació, si han sigut afectats directament o si alguna persona del seu entorn ho ha estat, d'aquesta manera tindria coneixement de la situació de cada persona i en cas que algú necessitara mesures especials proposaria solucions així com ajuda psicològica, una mesura molt important en aquestos cassos. Aquesta qüestió fa que els xiquets conten la seua experiència personal, i com docent sàpiga quant ells saben sobre la situació.

Primer proposaria les mesures que es pugen donar a terme actualment després de la DANA: Protegir-se nas, boca i ulls, usar pantalons i camises de mànega llarga, guants protectors i botes de goma. Aquesta mesura és molt important per evitar possibles infeccions, així com no menjar, en ningun cas, aliments que han estat en contacte amb la brutícia de l'ambient.

També no jugar amb joguets que hi hagen estat hores humits ja que aquests poden ser una proliferació de microorganismes, no apropar-se a les zones afectades com barrancs, ponts, etc. sense la companya d'un adult. A més, preguntaria al alumnat si tenen coneixement d'una altra mesura que es pot fer ja o que la estan fent a la seua casa o poble.

Després faria una pregunta "Com podem actuar en cas d'una nova DANA?" Deixaria 2 minuts per a que reflexionaren i, a continuació, proposaria mesures per a garantir la seua seguretat en cas d'una nova situació d'emergència.

Els explique com, en cas de pluja, no deuen jugar als barrancs i, en cas de vore aigua a la seua casa al carrer, deixar immediatament les zones baixes i anar a un lloc alt com segones plantes, arriba dels cotxes, etc.

Mantindre la calma i, en cas de portar un mòbil cridar al 112, els faria memoritzar el número per als casos on tinguen una emergència i que deuen facilitar la seua situació a les persones que responguen a aquest número. També deuen memoritzar la seua adreça i el seu nom complet.

Fer cas sempre als seus pares, tutors o autoritats i, si tenen germanets o xiquets més menuts al seu costat, cuidar-los i assegurar-se que estan fent cas a les indicacions. Hem d'assegurar-nos que els xiquets entenguen que el seu paper és important i que la seua seguretat ha de ser la seua prioritat. No han d'apropar-se als cables i pals d'electricitat en ningun cas.

Si l'emergència comença a l'escola no cridar, no espentar, fer cas a la mestra i si així ho recomanen posar-se damunt les taules o si ho indiquen abandonara l'escola en files i per la eixida més pròxima. Finalment, deixaria un temps per a qüestions que tinguen o comentaris que vulguen afegir en aquesta sessió, també deixaria clar que poden preguntar dubtes en els pròxims dies i que estic disponible per als problemes que puguen tindre.